법정 밖의 이름들

법 테두리 바깥의 정의를 찾아서

법정 밖의 이름들

서혜진 지음

흐름출판

○
버텨낸 모든 사람을 위하여

추천의 글

    책을 펼치며 성실하게 하루하루 버티듯이 피해자를 변호했을 뿐이라고 하는 서혜진의 말에 마음이 먼저 가닿았다. 피해자를 가해자로 둔갑시키기 일쑤인 사회에서 서혜진은 젠더폭력이나 아동학대 사건의 피해자를 주로 변호해 왔다. '피해자의 침묵을 열고, 정의가 닿지 못한 자리에서 그들을 지키는 일'이 어찌 쉬운 일이었겠는가. 한편으로는 그저 버텼다는 말에서 그가 얼마나 많은 어려움을 감당해 왔는지를 충분히 느낄 수 있었다. 그 고단함이 내 어깨에도 함께 얹히는 듯했다. 그동안 서혜진이 경험한 사례들 중에는 널리 알려진 것도 많지만, 알려지지 않을 만큼 흔한, 우리가 일상에서 보고 듣는 것들이 참 많다. 그 사실을 새삼스레 깨달으면서 우리 사회에 성폭력이나 젠더폭력이 얼마나 흔한지를 다시금 확인하기도 했다.
    1990년대에 들어서면서 기존의 형법으로는 성폭력 범죄를 대처하기 힘들고, 특별법이 필요하다는 목소리가 커져갔다. 그 무렵 나는 국회 법사위원회에 출석할 기회가 있었다. 당시 특별법과 관련한 가장 큰 쟁점은 '성폭력 범죄를 친고죄로 한 형법 규정을 그대로 유지할 것인가?'와 '비동의 강간죄를 신설할 것인가?'였다. 1994년 1월 5일, 특별법은 출범했으나 친고죄와 비동의 강간죄 문제는 해결되지 않았다. 그 후 친고죄는 대부분 사라지거나 반의사불벌죄로 대체되었지만, 비동의 강간죄는 30여 년이 지난 지금까지도 우리 사회가 풀어야 할 숙제로 남아 있다.

    새 법이 출범하면서 처벌 규정이 강화되는 등 효과가 전혀 없지는 않았다. 그러나 성범죄 피해자를 보는 사회의 시각은 달라지지 않았고, 피해자가 수사기관에 가해자를 고소하는 데는 여전히 크나큰 결단이 필요했다. 법정에 선 피해자는 피고인 측 변호사의 막말에 가까운 질문에 무방비 상태로 노출되어 답해야 하는 경우도 많았다. 다행히 2013년부터 피해자를 위한 변호사 제도가 도입되었지만 이 역시 한계가 있었다. 피해자가 아니라 가해자의 미래가 더 우선시되는 가해자 중심의 프레임이 여전히 견고하기 때문이다. 피해자는 자신의 과거와 미래를 포함한 전 생애를 걸어야 하는데도 온전히 이해받지 못한다.

    변호사라는 직업은 사람을 만나는 일이고 이 만남에는 언제나 시작과 결말이 존재한다. 서혜진은 피해자 변호사로 겪었던 사례들을 피해자와 만나는 순간부터 헤어지는 순간까지 이야기하듯 풀어낸다. 거기에 더해 필요한 만큼의 관련 법률과 판례들을 덧붙이고 해설까지 곁들인다. 젠더폭력 등과 관련한 대표적인 사례들을 골고루 담고 있으므로 한 권의 친절한 교과서로 사용하기에도 충분하다.

이런 책 구성도 눈에 띄었지만 무엇보다 놀라운 것은 당장이라도 필사하고 싶어지는 서혜진의 무심한 독백이 곳곳에서 흘러나온다는 점이다. 언뜻 넘겨보아도 이런 문장들을 만날 수 있다. "삶이 한순간 잿빛이 된 사람들에게 내가 해줄 수 있는 일은 그들이 잃어버린 색을 되찾아 주는 것", "억울함을 끊임없이 말하는 사람보다 억울함을 드러낼 수조차 없는 사람의 편에 더 가까워지고 싶다는 생각". "어떤 것도 당신을 파괴할 만큼의 가치는 없다." "타인을 돌보는 일은 소진을 전제로 하지 않아야 한다." "재판은 끝나도 우리의 삶은 끝나지 않는다." 천천히 곱씹고 싶은 문장이 끝이 없다. 그렇다. 『법정 밖의 이름들』은 지식이 되고, 지혜가 되고, 나아가 위로가 될 것이다.

— 김영란(전 대법관, 『판결 너머 자유』 저자)

나는 종종 법정에서, 병원에서, 때론 부검대 위에서 인간의 존엄을 이야기한다. 그러나 서혜진의 글은 그보다 훨씬 이전의, 아직 언어로 표현되지 못한 침묵 속의 존엄을 꺼내 보인다.『법정 밖의 이름들』은 법의 이름이 미처 닿지 못한 자리에서, 침묵과 고통 속에서 살아 있는 한 사람의 서사를 조심스럽고도 정중하게 복원한다.

법의학자로 살아오며 나는 종종 이런 질문을 마주한다. "죽음이 말해주는 진실은 무엇인가?" 그런데 이 책을 읽는 동안에는 문득 반대로 되묻고 싶어졌다. "우리 사회는 살아 있는 고통 앞에서 얼마나 귀 기울이고 있는가?" 피해자의 목소리는 대개 너무 작고, 너무 멀리 있다. 그들의 말과 감정은 법정 안에서 '증거'라는 이름으로 변형되거나 소거되고, 법과 제도의 틀을 통과하기 위해 '피해자다움'이라는 이름의 좁은 문을 강요받는다. 살아 있다는 이유만으로도 의심을 견뎌야 하는 사람들. 이 책은 바로 그 이름 없는 고통들에 말을 건넨다.

　무언가를 증명해야 한다는 요구는 때로 고통을 침묵하게 만든다. 그 침묵의 배후에는 복잡한 감정과 망설임, 말로 다하지 못한 진실들이 있다. 피해자가 자기 고통을 설명하고 증명해야만 보호받을 수 있는 사회에서, 서혜진의 글은 단순한 보호의 방식이 아닌 이해의 언어를 고민한다. 그 언어는 논리와 증거가 아니라, 공감과 책임의 윤리에서 비롯된다.

　서혜진은 스스로 '인권 변호사'라는 호칭에 거리를 둔다. 하지만 이 책에 담긴 기록과 시선, 피해자 한 사람 한 사람의 감정과 상황을 복원하려는 치열한 태도는 그 어떤 선언보다도 깊은 윤리이자 연대의 증거이다. 책장을 넘길 때마다 생의 흔적들이 문장으로 되살아나고, 사라졌던 이름들이 마침내 얼굴과 이야기를 되찾는다. 말할 수 없어 떠밀려야 했던 시간들이 이 글을 통해 마침내 주어와 목적어를 되찾는다. 피해자의 존재를 재현하는 동시에, 독자들이 피해자의 감정과 말 앞에 멈추어 서게 만든다.

　그런 이유에서 『법정 밖의 이름들』은 단순한 사건 기록이 아니다. 사람을 마주하는 태도, 말하는 방식, 무엇보다 '듣는 윤리'에 대한 책이다. 그 태도가 말의 무게를 바꾸고, 법이 닿는 거리와 방향을 바꾼다. 결국 이 책은 우리에게 묻는다. '누가 존중받아야 하는가?'가 아니라, '우리는 존중하려는 마음을 얼마나 잘 준비하고 있는가?'라고.

　이 책은 피해자라는 단어 뒤에 감추어졌던, 그러나 누구보다 분명히 존재했던 생의 이야기를 담고 있다. 살아 있다는 것이 증명이 되어야 하는 시대에 조용하지만 단호하게 말한다. 우리는 모두, 그저 살아 있다는 이유만으로 존중받아 마땅한 존재들이라고.

— 유성호(서울대학교 교수, 『법의학자 유성호의 유언 노트』 저자)

들어가며

피해자를 위한 변호사로 살아간다는 것

사람들은 흔히 변호사를 법정 한가운데서 또박또박 말하는 사람으로 떠올린다. 물론 그런 일을 할 때도 있다. 하지만 내 진짜 일터는 그 바깥이다. 변호사의 시간은 대부분 법정 밖에 존재한다. 로펌을 나와 개업한 후로는 그 시간이 더 길어졌다. 내가 만나는 사람들, 이를테면 범죄 피해자들, 그들을 돕는 이들, 피해자를 위한 법과 정책을 만드는 사람들은 대부분 법정 밖에 있기 때문이다.

내게 법정 밖이란 단순한 '공간의 외부'를 말하는 것이 아니다. 그곳은 누군가의 고통이 시작되고, 갈등이 쌓이며, 해결이 절실한 현장이다. 그러니 결국 변호사에게 필요한 일은 밖으로 나가 사람을 만나는 것이다. 그 사람이 처한 문제에 최대한 가까이 다가가기 위해서라도 말이다.

    의외로 이 모든 일의 출발점은 '자기소개'이다. 책의 표지에 박힌 저자 소개처럼 내가 누구인지를 보여주는 일이 변호사에게 특히 중요하다. 그런데 15년 가까이 변호사 생활을 했으면서도, 여전히 나는 자기소개가 어렵다. 나를 설명하고 드러내는 일이 어색하기만 하다. 스스로를 브랜딩 해야 살아남는 시대에 잘 어울리지 않는 사람임이 분명하다. 내가 누구이고, 왜 이 책을 쓰게 되었는지를 설명하는 것이 이렇게나 낯서니 말이다.

    나는 젠더폭력, 아동학대 사건 등의 범죄 피해자를 주로 변론한다. 이런 복잡한 사건들이 하나의 사건으로 끝나는 경우는 드물다. 피해자는 형사사건의 피해자이자, 민사소송의 원고이기도 피고이기도 하고, 징계사건의 신고인이자, 때로는 형사사건의 피의자나 피고인이 되기도 한다. 한 사람이지만 단 하나는 아니다. 이런 현실에도 불구하고, 피해자가 국가의 지원 아래 변호사의 도움을 받을 수 있게 된 지는 생각보다 오래되지 않았다.

    2012년, 아동·청소년 성범죄 피해자를 위한 '법률조력인' 제도가 시작되었고, 2013년엔 성폭력 범죄 피해자 전체를 대상으로 국선 변호사 제도가 도입되었다. 운이 좋게도 나는 그 현장에 있었다. 피해자 변호사 제도의 윤곽이 잡히기 시작하면서 피해자들도 점차 자신의 피해에 변호사의 조력을 받으려는 의지를 보이기 시작했다. 회복의 시도였다. 그때부터 지금까지, 나는 수많은 피해자를 만났다.

대단한 사명감이나 거창한 정의감에서 비롯된 일은 아니었다. 변호사가 되기 전부터 형사사법 절차 속에서 의도치 않게 소외되고 배제된 사람들의 권리에 관심이 많기는 했다. 하지만 무언가를 바꾸겠다거나 대단한 정의를 구현하겠다는 마음은 존재하지 않았다. 단지 조금 민감했고, 주어진 일을 성실히 했고, 하루하루 버티듯이 피해자를 변호했을 뿐이다.

사람들은 종종 묻는다. 어쩌다 피해자를 변호하게 되었느냐고. 아무래도 그들은 감동적인 계기, 드라마틱한 서사를 기대하는 것 같다. 하지만 내겐 그런 이야기가 없다. 이렇게 말할 순 있다. 그저 나의 일이었기 때문이다.

나는 범죄 피해자도 변호사의 조력을 받을 권리가 보장되어야 한다고 생각한다. 그런 이유에서 범죄 피해자의 권리에 더 예민할 수밖에 없지만, 그 이상도 그 이하도 아니다. 주어진 일이었기 때문에 피해자를 만났고, 그들에게 필요한 법률 조력을 했다. 경우에 따라서는 법률 상담만으로 해결되기도 했다. 반면에 대법원까지 가는 경우도 있었다. 대법원까지 간다는 것은 1심, 항소심(2심), 상고심(대법원, 3심)까지 모든 사법적 절차를 끝까지 밟은 경우를 말하는데, 길고 치열한 소송 절차를 진행했다는 의미이다. 때로는 법원이 아니라 직장에서, 혹은 기관에서 권리를 주장했다. 기존의 방식이 아닌 완전히 새로운 방식의 법률 조력이 필요한 경우도 있었다. 나는 그들이 있는 곳에 있었다. 가만히 앉아서 서류를 들여다보는 시간보다 정신없이 이곳에서 저곳으로 움직여야 했던 시간이 길었던 이유이다. 많게는 1년에 수백 명의 피해자를 만났다. 이렇게 많은 사람이, 이토록 많은 피해를 입는다는 사실이 언제나 놀라웠다. 그렇게 정신없이 하루를 보내고 나면 어느새 한 해가 지나갔다.

한 사람과 쌓인 신뢰는 또 다른 사람과의 신뢰로 이어졌다. 그 점에서 나는 운이 좋았다. 한 사람과의 인연이 거미줄처럼 다른 사람에게로 이어졌고, 때로는 과거의 인연이 다시 돌아오기도 했다. 그렇다. 그 사람들이 변호사로서 나의 정체성이 되었다.

『법정 밖의 이름들』은 그 시간에 대한 기록이다. 특별한 정의도, 대단한 결말도 없으며, '사이다'도 없다. 대신 나는 이 책을 통해 피해자가 법정 안팎에서 겪는 침묵과 기다림, 그리고 존엄을 되찾기 위한 분투를 당신과 나누고 싶다. 정확히는 우리의 이야기를 하고 싶다. 이 기록이, 피해자의 말에 법률과 제도가 응답하기까지의 거리감을 이해하고, 그 간극을 줄이는 일에 보탬이 되기를 바란다. 내가 빌린 그들의 목소리가 아직은 너무 멀고 작게 들릴지라도, 언젠가는 가닿기를 바란다.

또한 이 책에 등장하는 사례는 피해자 보호를 위해 일부 사실관계를 생략하거나 변경했다. 이름과 배경뿐 아니라 사건의 경과나 세부적인 내용도 의도적으로 삭제하거나 각색했다. 이는 피해자의 사생활과 안전, 무엇보다 2차 피해로부터 보호하기 위한 당연한 결정이었다. 내가 전하고 싶은 것은 구체적인 사건의 진상이 아니라, 그 속에서 말해지지 못한 감정과 존엄의 회복 과정이기 때문이다. 나는 이 책이 이름 없는 고통에 작게나마 숨 쉴 틈을 불어넣기를 바란다. 그들이 계속해서 하루를 살아내기를, 당신이 무사히 살아가기를 바란다.

- 차례 -

추천의 글 — 7
들어가며 | 피해자를 위한 변호사로 살아간다는 것 — 13

1부 침묵을 여는 법

피해자이기 전에 한 인간으로 — 23
나는 인권 변호사가 아니다 — 31
그 폭력엔 이름이 없다 — 37
피해의 언어 — 49
아이의 세상이 언제나 따뜻진 않다 — 57
가짜니까 괜찮아 — 67
거절을 생각하는 변호사 — 79

2부 존재를 증명하는 말들

그때도 틀렸고 지금도 틀렸다 — 95
변호사도 가끔은 피해자가 된다 — 107
그는 내가 속한 세상의 왕이었고 나는 그 왕이 끔찍했다 — 115
나도 모르는 사이 나는 '재미'가 되었다 — 125
희생으로 만들어진 법 — 137
버텨낸 자들의 이야기 — 145
법이 놓친 시간, 정조에 관한 죄 — 153

3부 정의가 닿지 못한 자리에서

망치로 머리를 때려도 집행유예 — 169
국민참여재판은 피해자에게 유리할까? — 183
왜 사과를 안 할까? — 201
그는 사라졌고, 나는 남겨졌다 — 209
통쾌한 복수가 있을까? — 215

4부 서로를 지키는 말들

소진, 하다 — 231
저는 피해자를 변론하는 변호사입니다 — 237
법률에는 마음이 있다 — 243

나가며 | 말이 닿는 자리까지, 사람을 지키는 일 — 251

일러두기

— 이 책에 소개된 사례는 실제 사건을 바탕으로 합니다. 사회적으로 널리 알려지지 않은 인물의 경우 가명을 사용했으며, 사건과 인물이 특정되지 않도록 일부 내용을 재구성했습니다.

— 본문에 인용된 판결문은 실제 공개된 자료를 바탕으로 했습니다. 다만 사건의 구체적인 날짜와 시간 등은 개인 식별을 막기 위해 편집 과정에서 일부 삭제했습니다.

1부
침묵을 여는 법

성폭력, 가정폭력, 아동학대 피해자들은
사회적 통념과 자기검열 속에서
어떻게 침묵을 깨는가.
자신에게 일어난 일을 '피해'로 인식하고,
마침내 말하기까지.

피해자이기 전에 한 인간으로

"여러분은 어느 정도가 되어야 성폭력이라고 생각하세요?"

나는 강의 중 종종 이렇게 묻는다. 청중들의 표정은 다양하다. 누군가는 무언가가 생각 난 듯 침묵하고, 누군가는 이미 나와 어떤 이야기라도 나눈 듯 고개를 끄덕인다. 그 표정들 속에는 우리 사회가 여전히 성폭력 피해를 얼마나 불분명하게 이해하고 있는지가 담겨 있다. 나야 매일 밥 먹듯이 경찰서와 법원에 드나들고, 성폭력을 비롯한 수많은 피해자를 만난다. 그들의 피해를 직접 목격하고 듣는 것이 나에게는 일상이지만, 일반적으로는 그렇지 않다. 그것이 내가 성희롱·성폭력 교육을 하러 가는 이유이기도 하다. 이 시간을 통해 피해자가 우리 사회에서 어떻게 이해되고 있는지, 우리가 가진 일반적인 통념 또는 성폭력에 관한 편견이 무엇인지를 확인할 수 있다.

이 질문에 모든 사람이 같은 답을 하지는 않는다. 저마다의 주관과 경험, 가치관이 대답에서 드러난다. 한 해 한 해 지날수록 인식이 개선되는 것도 보인다. 피해자가 우리와 똑같은 사람이고, 일상을 사는 평범한 '사람'이라는 사실을 알게 된 '사람'들이 늘어나고 있다는 뜻이다. 이 인식이 너무 당연하게 느껴져 개선될 여지가 있느냐고 물을 수도 있다. 누군가에게는 당연한 이 인식이 누군가에게는 당연하지 않다.

범죄와 사건을 바라볼 때 피해자를 중심에 두고 서사를 이어가야 한다고 생각하는 사람도 늘어났다. 오랫동안 한국 사회에서 이어진 가해자 중심 서사의 주어가 변화하는 움직임이다. 하지만 변화는 더디다. 여전히 성폭력과 관련한 사건, 피해자를 바라보는 시선에는 오래된 편견의 벽이 적용된다.

술에 취하지 않은 젊고, 평범하고, 매력적인 여성이 한밤중에 귀가하고 있다. 이 여성은 처음 보는 남성에 의해 기습적으로 위협을 받아 성폭력 피해를 입는다. 피해를 당하는 순간, 여성은 사력을 다해 피해 현장에서 벗어나고자 소리를 지르거나 발버둥 친다. 그 과정에서 신체 일부를 다친다. 피해가 종료된 후 여성은 곧장 병원이나 경찰서로 향한다. 이 사건 이후 여성은 집에 틀어박혀 우울하게 일상을 보낸다. 친구를 만나지 않고, 맛집을 가지 않고,

여행도 가지 않고, 행복한 척하는 SNS 활동을 일체 하지 않는다. 당연히 일을 제대로 할 수 없고, 회사 생활에도 어려움이 생긴다. 결과적으로 회사로 복귀하지 못한다. 따라서 여성은 평생 성폭력 피해로 고통받을 것이다.

위 글은 성폭력 피해자에 대한 편견을 모은 것이다. 최소한 이 기준에는 부합해야 사회적 피해자성을 획득한다는 의미이기도 하다. 이 틀에서 아주 조금이라도 벗어나는 언행을 하거나, 완전히 다른 모습을 보이면 어떻게 될까? 그 의심은 피해자 개인에게 향한다. '쟤 좀 이상해.' '피해자가 어떻게 저래? 피해자였으면 못 저러지.' '정말 피해자 맞아?' 등의 의심으로 피해의 본질을 흐린다. 이것이 바로 성폭력 피해자의 왜곡된 상이자, 우리 사회가 암묵적으로 정의한 '피해자다움'이다. 피해자다움의 인식은 성폭력 사건에 잘못된 사회적 통념을 만든다.

나 역시 변호사 초년 시절, 이러한 성폭력 통념에서 완전히 자유롭지 않았다. 2013년 6월 이전에는 형법상 대부분의 성폭력 범죄는 피해자의 고소가 있어야 처벌할 수 있는 친고죄親告罪였다. 심지어 강간죄의 객체가 '사람'이 아닌 '부녀婦女'였다. 부녀란 표면적으로는 결혼한 여자로 이해되지만, 정확한 사전적 정의는 결혼한 여자를 포함한 성숙한 여자를 통칭한다. 여기서 한 가지 의문이 든다. 강간죄의 객체가 부녀라면 결혼하지 않거나 미성숙한 여성은 그 대상조차 되지 않는다는 의미인가? 다행히도 대법원은 그렇게 극단적으로 해석하지는 않았다. 1996년에 선고한 대법원 판결에서는 강간죄를 규정한 형법 제297조의 객체인 '부녀'의 의미를 언급한다. "부녀라 함은 성년이든 미성년이든, 기혼이든 미혼이든 불문하며 곧 여자를 가리키는 것(대법원 1996. 6. 11. 선고 96도791 판결)"이다. 하지만 강간죄의 객체를 부녀라 명시한 이상, 끝 맛이 쓸 수밖에 없다.

●

변호사가 되고 처음 접한 성폭력 사건은 중학생 수미의 피해였다. 수미는 가정폭력과 학교폭력의 피해자이기도 했다. 폭력에 노출되어 어느 곳에도 마음 붙이지 못하고 방황하던 중에, 학교에서 심한 따돌림을 당했다. 그로 인해 전학을 하는 과정에서 부모의 불화마저 깊어졌고 결국 가출로 이어졌다. 수미는 처음 만난 또래들과 술을 마시며 시간을 보내곤 했는데, 어느 날은 정신을 잃을 정도로 만취해 길거리에 그대로 늘어져 잠들었다. 그리고 수미도 제대로 기억하지 못하는 시간, 함께 술을 마셨던 남학생들에 의해 성폭력 피해를 입었다.

나는 이 사건의 대략적인 내용을 파악하고, 해바라기센터°에 조사 일정을 전달받았다. 그리고 수미를 만나기로 했다. 약속 전날, 나는 잠을 설쳤다. 변호사가 된 후 처음으로 성폭력 피해자를 만나 법률 조력하기로 한 것이었다. 머릿속에는 '어떻게 대해야 하지?'

라는 의문이 떠나지 않았다. '눈물을 머금은 눈으로 내가 공감하고 있다는 느낌을 전달해야 할까? 아니면 변호사답게 냉철하게 딱 할 말만 할까? 중학생 피해자에게는 어떤 첫 마디를 건네야 하지? 요즘 애들은 뭘 좋아하지? 인기 있는 연예인 이야기를 꺼내보며 친밀하게 다가갈까? 그나저나 수미는 괜찮을까?'

수미를 만나고 나서야 깨달았다. 피해자에 대한 나의 태도가 결국, 그들을 나와 같은 사람으로 보지 못하게 만드는 또 다른 장벽이었다. 수미는 성폭력 피해를 입은 가엾거나 불운한 중학생이 아닌 '그냥 수미'였다. 나를 보고 환하게 웃으며 "변호사님 안녕하세요?"라고 인사하는 얼굴을 마주하니, 잠까지 설치며 고민하느라 초췌해진 몰골이 스스로 한심하게 느껴졌다.

"네가 수미구나? 만나서 반가워."

있는 그대로 수미를 받아들이자 나 역시 편해졌다. 수미는 이어지는 경찰의 피해자 진술 조사 과정에서도 똑 부러지게 자신이 경험한 사실을 기억하는 대로 이야기했다. 그 과정에서 위축되거나, 울거나, 자신의 상황을 비관하거나, 누군가를 탓하지도 않았다. 수미가 조사 과정에서 피해 진술을 잘 못 하면 어쩌나 했던 나의

○ 365일 24시간 성폭력, 아동학대 등의 피해자에게 필요한 통합적인 서비스를 제공해 주는 원스톱 기관. 2004년 서울에 처음 개소한 이후로 전국적으로 40개의 해바라기센터가 운영 중이다.

고민도 모두 무용해졌다. 덕분에 진술 조사는 매우 순조롭게 끝났다. 가해자들을 특정할 수 있는 정보를 수미에게서 받아 경찰에 전달했고, 엄벌을 바라는 수미의 의견을 담은 의견서도 전달했다.

사실 그전까지만 해도 '나는 좀 달라. 감수성이 있지.'라고 자만했던 나에게 수미는 내가 가진 피해자에 대한 통념, 편견의 무용함을 깨닫게 했다. 성폭력 피해자도 그저 수많은 사람 중 하나라는 당연한 사실을 인식하게 했다. '피해자를 어떻게 대해야 하는가?'라는 고민은 그들에 대한 이해나 배려가 아닌, 또 다른 편견의 발로였다.

열 명이건 백 명이건 피해자 역시 각자의 개성과 취향을 가진 개개인이다. 이들 모두 살아온 환경과 경험이 다르고, 성격은 더욱 다르다. 성폭력 피해를 입은 상황과 과정도 제각각이다. 피해자들 중에는 여성도 있고 남성도 있고, 또 다른 사회적 성별을 가진 사람들도 있다. 나이도 다르고, 직업도 다르고, 생각도 다르고, 피해에 대처하는 방식도 다르다. 그런데 우리는 왜 이들을 모두 '성폭력 피해자'라는 범주에 억지로 집어넣고, 똑같이 행동하고 말하기를 바랄까? 이런 태도는 피해자 개개인의 경험이나 가치관, 성격, 환경 등을 전부 무시하는 처사이자 피해자를 향한 보이지 않는 폭력이다.

수사기관과 법원이 피해자를 부적절하게 대해서 비판을 받기도 한다. 하지만 사실 이들도 사회적 통념에서 사고하고 판단한다. 그 통념이 가장 짙게 드러날 뿐이다. 과거의 사실을 밝히고 기존의 법률을 적용하는 그들에게, 사회의 통념을 벗어나 선진적이고 이상적인 판단을 기대하는 것이 현실적으로 무리이다. 즉, 우리가 만든 사회, 우리의 인식부터 바뀌지 않으면 어떤 제도적 변화도 기대할 수 없다는 뜻이다.

대법원이 바라보는 성폭행 피해자
― 대법원 2020. 10. 29. 선고 2019도4047 판결

성폭행 피해자의 대처 양상은 피해자의 성정이나 가해자와의 관계 및 구체적인 상황에 따라 다르게 나타날 수밖에 없다. 따라서 개별적, 구체적인 사건에서 성폭행 등의 피해자가 처하여 있는 특별한 사정을 충분히 고려하지 않은 채 피해자 진술의 증명력을 가볍게 배척하는 것은 정의와 형평의 이념에 입각하여 논리와 경험의 법칙에 따른 증거판단이라고 볼 수 없다. 범행 후 피해자의 태도 중 '마땅히 그러한 반응을 보여야만 하는 피해자'로 보이지 않는 사정이 존재한다는 이유만으로 피해자 진술의 신빙성을 함부로 배척할 수 없다.

나는 인권 변호사가 아니다

"범죄 피해자 사건을 주로 맡으면 돈은 좀 안 되겠어요. 인권 변호사시네요?"

나는 이 말을 싫어한다. 피해자를 변호하면 돈을 벌 수 없고, 그런 사람은 응당 인권 변호사일 거라는 단정적인 프레임이 불쾌하다. 피해자 변호를 경제적 가치로만 치환한 것이다. 형사 사건을 주로 다루는 변호사라면 범죄자를 변호해야 돈을 많이 벌 것 같은데 피해자를 변론한다고? 잘 모르겠지만 좀 특이한 것 같고, 돈은 좀 안 될 것 같다는 막연한 추측까지 더해져 있다.

서울에서 조금 떨어진 한 기관에 교육을 위해 방문한 적 있다. 넓고 단정한 분위기의 응접실에서 만난 고위직 인사는 나이가 꽤 있어 보였다. 나는 미리 준비한 명함을 꺼내어 전달하고, 또 한 번 예의 바르게 인사했다. 고위직 인사는 명함을 보고 이것저것 물어보더니 "주로 어떤 일을 하십니까?" 하는 특이할 것 없는 질문을 했다. "주로 범죄 피해자 관련 사건을 맡습니다. 피해자 측의 일을 많이 해요. 정부나 공공기관, 기업 자문도 많이 합니다." 나 역시 사실에 기반을 둔 재미없는 답을 내놓았다. 그래도 내가 할 수 있는 최선의 친절을 다했다. 하지만 이런 노력에도 불구하고 돌아오는 말은 "아, 인권 변호사 같은 건가요? 그러면 돈은 좀 안 되겠네요?"였다.

'어쩜 이렇게 사람들의 멘트가 창의적이지 않고 정형적이지?'라는 감탄사가 잠깐 튀어나올 뻔도 했다. 나는 고위직 인사의 말을 듣는 순간 그냥 집에 가고 싶었다. '이토록 진부하고 무례한 사람이 수뇌부에 있는데, 내 강의가 무슨 의미가 있을까?'라는 깊은 자괴감이 밀려왔다.

내가 싫어하는 이 말을 조금 풀어보면 결국, '범죄자를 변호해야 돈을 잘 벌 텐데, 돈이 별로 되지 않는 피해자를 주로 변론하다니. 그렇다면 너는 뭐 인권 변호사 같은 건가 봐?'라는 뜻이다. 나는 내 세상에서 좋은 사람들과 행복하게 살고 있고, 그럭저럭 벌고, 잘 먹고 잘 살고 있다. 그런데도 사람들은 "돈은 안 되겠네요."라는 말로 내가 어딘가 결핍된 사람인 것처럼 단정한다. 무언가를 포기하고 희생한다고 확신한다. 그 순간, 나는 설명하기 힘든 불편감에 휩싸인다. 특히 '인권 변호사'라는 단어까지 나오면 불편은 불쾌가 된다. 그 감정이 나날이 커져서 방송에 출연할 때는 인권 변호사라는 단어를 절대 쓰지 말아달라는 요청을 할 정도였다(방송에서는 인권 변호사라는 명칭을 꼭 쓰고 싶어 한다).

변호사면 변호사지, 인권 변호사는 또 무엇인가? 인권 변호사는 '국제 변호사'처럼 이름부터 잘못된, 실체가 없는 것이다.° 대한변호사협회의 「변호사 전문분야 등록에 관한 규정」에 따라 형사 전문, 민사 전문, 가사 전문 등을 변호사 이름 앞에 붙여 부르는 경우는 있지만, 이 규정에도 인권 전문은 없다. 인권 변호사라는 호칭은 제도화된 자격이라기보다는, 누군가가 자의적으로 부여하는 명칭에 가깝다.

물론, 나보다 앞선 시대에는 '인권 변호사'라는 타이틀이 전혀 어색하지 않은, 모든 면에서 존경받아 마땅한 훌륭한 변호사들이 있었다. 우리가 현재 공기처럼 누리는 권리 중 일부는 그들이 만든 형상이기도 하다. 그런 이유에서 인권 변호사라는 명칭이 존경을

○   '국제 변호사'라는 자격은 존재하지 않으며, 우리나라에서 변호사의 자격을 가지는 사람은, 사법시험에 합격해 사법연수원의 과정을 마친 자, 판사나 검사의 자격이 있는 자, 변호사시험에 합격한 자뿐이다(변호사법 제4조). 국제 변호사를 표방하거나 그 밖에 법적 근거가 없는 자격이나 명칭을 표방하는 내용의 광고를 할 경우 1년 이하의 징역 또는 1천만 원 이하의 벌금에 처한다(변호사법 제113조). 외국 변호사의 자격을 가진 사람들은 법무부장관의 자격 승인을 받고 대한변호사협회에 등록한 경우 '외국법자문사'의 명칭을 사용할 수 있으며, 이 경우도 '국제 변호사'라는 명칭을 사용할 수 없다.

뜻하던 시절도 분명 있었다. 하지만 내가 살아온 시간 속에서, 적어도 나의 경험으로는 이상적인 인권 변호사를 만나본 적 없다. 자칭, 타칭 인권 변호사라 불리는 이들과 마주했을 때, 대화가 깊어지기도 전에 묘한 거리감이 생겼고, 그 거리감은 종종 씁쓸함이나 공허함으로 변했다. 그건 어쩌면 내 기준이 지나치게 까다로워서일 수도 있고, 기대가 컸던 탓도 있다. 그들의 매력을 발견하지 못해서였을 수도 있다. 아니, 어쩌면 내가 그 매력을 알고 싶지 않았을 수도 있다.

언제부터인가 언론 및 방송에서는 '사회적 메시지를 가진 변호사'를 지칭하는 말로 '인권 변호사'를 쓰기 시작했다. 하지만 이는 변호사라는 직업에서 인권을 분리할 수 있다는 오해를 낳는다. 인권은 사람의 기본적인 권리를 말한다. 변호사는 본질적으로 사람을 돕고, 인권을 다루는 일을 한다. 잘못을 했든, 피해를 입었든 누군가의 권리를 최대한으로 지켜내는 것이 변호사의 역할이다. 따라서 변호사는 타인의 인권을 위해 일한다. 하지만 모순적이게도 그 인권을 지키려다 또 다른 사람의 인권에 가차 없는 상처를 낸다. 결국 모두가 인권 변호사이지만, 동시에 아무도 인권 변호사는 아닌 것이다.

인권 변호사를 돈과 무관한 존재로 여기기도 한다. 인권 변호사가 돈을 받지 않고 사람을 도와주는, 행색도 화려함과는 거리가 먼, 수수하다 못해 허름할 수도 있는, 마더 테레사 같은 인격과 배려심으로 충만한, 돈과 물질에 아무런 욕망도 미련도 없는 석가모니 같은 존재라고 생각한다. 인권 변호사를 물질적 욕망에서 완전히 분리된 존재로 상상한다. 물론 정말 그런 변호사가 어딘가에 존재할 수도 있다. 그렇다면 그 사람은 인간계를 초월한 성인의 경지에 이른 것으로 보아도 된다. 일단 나는 아니다.

"변호사님, 오늘 정말 멋져요. 보기 좋습니다!"

나는 누군가가 나에게 "인권 변호사"라고 말해주는 것보다, 이런 말을 해줄 때 훨씬 기운이 난다. 외관에 집착해서도, 돋보이고 싶어서도 아니다. 피해자인 의뢰인들이 번듯한 나를 보고 조금이라도 안심했으면 해서이다. 그들이 자신의 곁에 그래도 괜찮은 사람이 있다고 인식하고 안심하기를 바란다. 그것이 내 나름의 예의이자 노력이다.

특히 내 의뢰인들의 상당수는 주변에 속 시원하게 자신의 이야기를 하지 못하거나, 주변의 지지를 받지 못하고 고립되거나, 여러 가지 기반이 부족하거나, 상대적으로 취약한 처지에 있는 사람이 많다. 어쩌면 나는 그들 인생 최악의 순간에 나타난다. 최악의 순간에 만나는 변호사가 생기 없는 무채색의 인간이라면 그들을 더 지치게 한다. 누군가는 겉모습이 뭐가 중요하냐고 반문할 수도 있겠지만, 나는 아니다. 몸과 정신은 별개가 아니고, 형식과 실질도 경계가 없다. 우리 의뢰인들에게 잘, 멋지게 보여서 나쁠 건 없지 않는가.

나는 내가 가진 가장 좋은 옷과 액세서리를 하고, 누구보다 멋진 모습과 확신에 찬 태도로 이들 옆에 서 있어야 한다. 회색빛의 변호사가 아닌 생동감 넘치는 변호사로 말이다. 삶이 한순간(어쩌면 점차적으로) 잿빛이 된 사람들에게 내가 해줄 수 있는 일은, 그들이 잃어버린 색을 되찾아주는 것이기 때문이다.

변호사법

제1조 (변호사의 사명)

① 변호사는 기본적 인권을 옹호하고 사회정의를 실현함을 사명으로 한다.

② 변호사는 그 사명에 따라 성실히 직무를 수행하고 사회질서의 유지와 법률제도의 개선에 노력하여야 한다.

그 폭력엔 이름이 없다

"지금 눈 괜찮은 거 맞아요? 저 보여요?"

현서를 처음 만난 곳은 2013년, 종합병원 로비였다. 경찰 조사가 필요한 상황이었지만, 현서는 병원을 벗어날 수 없을 정도로 상태가 나빴다. 결국 내가 직접 병원으로 가 현서의 진술 조사에 참여하기로 했다.

처음 마주한 현서의 얼굴은 처참했다. 왼쪽 눈의 핏줄이 모조리 터져 눈의 흰자위가 보이지 않았고, 눈동자마저 원래의 위치를 가늠하기 어려울 정도로 희미했다. 눈 주위가 심각하게 부어 한쪽 눈을 제대로 뜰 수조차 없었다. 그런 얼굴을 바라보고 있는 것만으로도 미안해졌다. 원래의 얼굴이 어땠을지 전혀 그려지지 않았다.

한편으로는 원래의 모습을 잠시라도 상상했다는 것 자체가 미안했다.

현서는 연인에게 폭행당했다. 단순 폭행이 아니라 일시적 시력 상실과 영원한 시력 저하라는 장애를 발생시킨 상해였다. 사람의 신체에 대한 일체의 유형력 행사가 폭행이라면, 상해는 신체의 생리적 기능에 장해를 일으키는 정도를 의미한다. 따라서 법률적으로 폭행과 상해는 다르게 다루어진다. A는 현서의 얼굴만 집중적으로 때렸다. 지극히 의도적이었다. 주먹과 위험한 물건을 동시에 써가며 30분 이상 이어진 잔혹한 폭행이 중단될 수 있었던 것은 옆집의 경찰 신고 덕분이었다. 만약 이웃의 신고가 없었다면, 그리고 출동이 조금이라도 늦어졌다면 현서의 피해는 단순 상해로 끝나지 않았을지도 모른다.

A는 평소에 현서가 누구를 만나는지, 어떤 옷을 입는지, 언제 귀가하는지 등 일거수일투족을 간섭했다. 조금이라도 자신의 마음에 들지 않거나 본인의 허용 범위를 벗어나면 소리를 지르며 욕설을 내뱉고 난동을 부렸다. 그러고는 즉시 현서에게 사과했다. 다시 잘해주었고, 또 화가 나면 폭행했다. 관계가 지속될수록 현서의 인간관계는 단절되었고 그렇게 점점 고립되었다. 결국에는 A의 바람대로 현서가 A에게 의존하는 상황이 만들어졌다. 현서가 외부와 단절될수록 폭행 수위도 점점 높아졌다.

피해를 입는 동안 현서는 딱 한 번 경찰서를 찾았다. 새벽에 공원에서 뺨을 맞고 코피가 나자, 그 길로 있는 힘껏 뛰어 가장 가까운 지구대로 들어갔다. 밝게 빛나는 지구대의 경찰 마크가 모든 것을 해결해 줄 것이라 믿었다. 이런 상황에서 지구대가 보여서 다행이라고, 운이 좋았다고 생각했다. 지구대의 문을 여는 순간에는 안도감이 밀려왔다. 경찰은 친절했다. 현서의 피 묻은 얼굴을 닦아주고, 위로의 말도 전했다. 현서는 진심으로 위안을 받았고, 용기를 내어 말했다.

"남자친구가 절 때렸어요. 처벌하고 싶어요."

누군가에게 처음 해보는 말이었다. 그리고 이제는 정말 이 폭력에서 벗어날 수 있을 것이라고 믿어 의심치 않았다. 현서를 위로한 경찰은 남자친구인 A의 연락처를 물었다. 그러더니 그 자리에서 바로 A에게 전화를 걸었다. "여기 현서라는 사람이 왔는데, 당신이 지금 때렸다고 하거든요. 맞아요?" 현서는 당황했다. 경찰의 친절과 위로까지는 좋았는데, 가해자인 A에게, 그것도 현서가 보는 앞에서 전화를 걸어 이런 중대한 질문을 할 것이라고는 생각 못 했다. 경찰은 몇 마디 덧붙이지 않고 빠르게 전화를 끊었다. 그리고 말했다. "남자친구가 그런 적 없다는데요?" 여전히 친절한 눈빛을 보내며. 현서는 아무 말도 할 수 없었다. 항의를 할 수도 없었다. 경찰은 말을 이어갔다. "원하면 지구대에서 조금 쉬었다 가도 돼요. 아니면 순찰차로 귀가를 도와줄 수도 있어요." 이 모든 언행의 외피는 나무랄 데 없이 보드랍고 따뜻했다. 현서는 경찰의 '친절'을 거절하고 있는 힘껏 열었던 지구대의 문을 힘 없이 닫고 나왔다. 들어갈 때는 운이 좋았다고, 무언가 바뀔 수 있을 것이라고 기대했다. 하지만 현서의 세상은 그대로였다. 그 과정에서 무력감이 뿌리를 내렸다. 현서는 생각했다. '이런 일로 경찰을 찾아서는 안 되는구나. 와봐야 해결되는 건 아무것도 없구나.'

"그냥 내가 알아서 해결해야 한다고 생각했어요."

현서는 그날 이후 무력감에 삼켜진 채 폭력에 익숙해졌다.

현서의 얼굴을 보면 볼수록 이것은 상해가 아니라는 생각이 들었다. 살인미수였다. 쉬지 않고 30분을 내리 얼굴만 때린 행동은 피해자가 죽어도 상관없다는 최소한의 미필적 고의의 발현이라고 봐야 했다. 심지어 폭행을 스스로 중단한 것도 아니었다. 예상치 못한 경찰의 출동으로 '어쩔 수 없이' 행위가 중단되었다. 위험한 물건까지 사용하며 반복해서 특정 부위를 가격해 현서를 일시적 실명 상태까지 오게 한 그 의도를, 단순히 상해의 고의로만 보기에는 부당했다.

그러나 행위에 대한 죗값을 제대로 물릴 수 없었다. A의 무자비한 행동이 살인미수에 해당한다는 의견을 강력하게 피력했지만, 나의 주장은 수사기관의 마음에 닿지 못했다. 기소를 하더라도 살인에 관한 고의까지는 입증하기 어려우므로 살인미수 혐의는 무죄 가능성이 높다는 것이 종합적 결론이었다.

고의성의 입증이 쉽지 않다는 것 정도는 알았다. 하지만 수사기관에서 입증 의지가 있었다면, 일벌백계의 마음이 있었다면, 정말 현서가 죽을 수도 있었다고 생각했다면, 이런 결론이 나서는 안 되었다. 입증이니, 미필적 고의 같은 말들은 모두 법률적 레토릭에 불과했다. 결국 이 사건에서 가장 중요하게 고려되는 부분은 "피해자와 가해자는 연인관계"이고, "싸우다가 우발적으로 화가 나서"였다. 연인이었으므로 살인 의도까지는 없었다고 보아야 사회 통념에 부합한다는 것이 수사기관의 비공식적 설명이었다. 정말 죽이려고 했으면 얼굴만 때리지 않았을 것이라는 덧붙임과 함께.

●

2013년, 당시 수사기관에서는 현서의 피해를 특별할 것 없는 상해 피해 정도로 보았다. 데이트폭력이라는 사회적 용어가 있기는 했으나, 친밀한 관계에서 오는 폭력 발생의 맥락이나 이해 수준은 매우 낮았다. 현서는 형사적으로 범죄 피해자는 맞지만, 상해죄의 피해자로 분류되었고, 상해죄의 피해 사례 통계로 남겨졌다. 그 상해가 왜 발생했는지, 사귀던 관계에서 오랫동안 지속된 폭력의 피해였고, 관계 속에서 빈번한 폭력을 당했다는 사실은 어디에도 기록되지 못했을 것이다. 무엇보다도 법률이 현서의 피해에 특별한 관심을 두지 않았다. 법률이 관심을 두지 않는데 수사기관과 법원의 관심을 바라는 것은 현실적으로 어려웠다.

처벌을 못 해서 문제가 되는 것이 아니다. 법률이 강압적 통제와 폭력의 늪에서 벗어나려는 피해자들을 제대로 보호하지 못하는 것이 근본적 문제이다. 피해 지원 기관이나 현장에서는 강압적으로 통제하는 것부터가 폭력의 시작이라고 교육한다. 그 강력한 통제 행위는 더 큰 폭력의 전조 증상임에도 불구하고 공권력의 개입에 한계가 있다. 강압적 통제 행위가 최소한 스토킹 행위 정도는 되어야 「스토킹범죄의 처벌 등에 관한 법률」에 근거한 경찰의 긴급응급조치 등이 가능하다. 그 정도가 아니고서는 경찰이 관계에 개입할 근거가 사실상 없다고 봐야 한다. 물론 현장 경찰이 피해자의 잦은 신고 등의 이유로 위험성을 판단하고 신변보호 조치를 할 가능성도 있지만, 경찰 입장에서는 무리한 개입으로 인해 뒤따를 수 있는 각종 민원이나 소송 제기라는 현실적 문제를 고민하지 않을 수 없다.

현서가 당한 피해는 이제 '교제폭력'으로 불린다. 연인 간의 폭력이나 살인 등 강력 사건을 보도하는 언론이 언제부터인가 그렇게 부르기 시작했다. 사회적으로도 교제폭력이라는 단어가 익숙해졌지만 역시 피해를 객관적으로 설명하는 단어는 아니다. 법률상 개념도 잡히지 않았다. 물론 법률에 없는 말이라고 처벌이 불가능하다는 의미는 아니다. 과거에 교제를 했거나, 교제하는 사이에 일어나는 폭행, 협박, 주거침입 등 개별 행위가 범죄로 성립할 때, 그 죄명에 맞춰 폭행죄, 협박죄, 주거침입죄 등으로 처벌된다. 통상 교제폭력은 교제하거나 했던 사이, 친밀한 관계에서 일방을 강압적으로 통제하는 행위로, 신체적 폭력은 물론이고 성적·정서적·언어적·경제적 폭력까지 포섭하고 있다.

앞서 잠깐 언급했듯이 피해자와 가해자의 관계성이 특징인 이 범죄의 원래 이름은 데이트폭력이었다. 폭력이라는 이름을 붙여 데이트를 가장한 범죄의 심각성을 강조하려던 시도는 사실상 실패로 끝났다. 피해자의 피해는 사적이고 사소하게 취급되기 일쑤였고, 법률과 제도도 이들의 피해에 관심을 두지 않았다. 사귀는 사이 또는 친밀한 사이에서의 사소한 사랑싸움, 있을 수 있는 그저 그런 일 정도로 포장되어 왔다. 따라서 데이트폭력 또한 가정폭력처럼 국가가 개입할 필요까지는 없는 '사적인' 일 정도로 치부되었다.

최근 들어 정부 기관 역시 데이트폭력이란 말 대신 교제폭력으로 바꾸어 부르고 있다. 경찰청은 교제폭력의 신고 건수 등 통계를 따로 내기 시작했고, 여성가족부 산하 공공기관들은 교제폭력의 정의를 각종 안내 책자와 홈페이지에 소개했다. 사실상 교제폭력이라는 용어 사용에 모두가 동의한 상황이 되었다.

왜 갑자기 모두가 약속이라도 한 듯 교제폭력이라고 부르기로 한 것일까? 그에 대한 충분한 설명이나 깊은 철학은 없다. '데이트'라는 단어가 외래어라서, 애정에 기반한 가벼운 느낌과 낭만적 어감을 가지고 있어서일 수도 있다. 피해의 심각성이 제대로 다루어지지 않았다는 반성에서 등장한 단어라기에는 충분히 고민하지 않은 '이름 짓기'이다. 데이트를 우리말로 바꾸어서 해결될 문제였다면 진작 해결되고도 남았다.

교제폭력은 법률상 정의가 없으며, 피해를 객관적으로 드러내는 직관적 용어도 아니다. 무엇보다 개인의 가치관이나 주관적 감정에 따라 '교제'의 의미는 매우 다르게 쓰인다. 국가 형벌권을 다루는 수사기관과 법원은 이 피해의 전제인 교제에 관하여 더 까다롭고 엄격하게 바라본다.

교제를 전제로만 이 범죄를 설명한다면, 교제가 전제되지 않는 관계성 범죄의 피해자들은 또 다시 사각지대에 몰린다. 서구에서는 이를 'Intimate Partner Violence(IPV)'라고 부르는데, '친밀한 관계에 의한 폭력'이라는 뜻이다. 그런데 IPV 역시 정확한 피해를 설명하지 못한다. 이미 피해자는 친밀하지 않다고 판단해 관계에서 벗어나려고 하는데, 그걸 친밀한 관계로 통칭해 부른다면 피해자들에게는 또 다른 폭력이 될 수도 있다. 정확하게 말하면 '한때 친밀했던 관계에 의한 폭력' 정도가 될 것인데, 참 입에 붙지 않는다.

이름은 많지만 피해를 제대로 설명하는 단어는 여전히 없다. 그렇다면 이 피해는 어떻게 불러야 할까? 관계가 아닌 폭력 자체를 중심으로 한 명명이 필요하다. 현장에서 오랫동안 피해자를 지원한 전문가들을 만날 때마다 묻는다. "선생님, 어떻게 부르는 게 좋을까요? 더 나은 말이 있을까요?" 하지만 그들조차도 이 폭력을 언어로 규정하기가 어렵다고 한다.

어떤 피해는 이름조차 없고, 이름 붙이기까지 오랜 시간이 걸린다. 그 시간 동안 수많은 피해자가 피를 흘리고 희생된다. 피고인 권리 보장의 역사와 근대 형법 발전의 역사는 궤를 같이한다. 그 속에서 현서가 입은 피해는 정확한 이름조차 부여받지 못했다. 수많은 상해 사건 중 하나로 기록되었을 뿐이다. 교제폭력으로 다치고 사망해도 피해자는 상해죄나 살인죄의 피해자로 기록될 뿐 교제폭력의 피해자로는 남지 않는다. 사건을 뜯어 부검해야 예방과 대책도 나올 텐데, 수술대 위에도 오르지 못하는 영역이 존재하는 것이다.

기존의 법률 언어와 사고로는 분명 한계가 있다. 딱 한 발자국 더 나아가기가 힘들고 어렵다. 하지만 변화는 존재한다. '개인적인 문제에 공권력이 개입하는 것은 지나치다.'라는 인식은 이미 낡은 통념이 되었다. 이 범죄를 정확히 아는 사람들은 강압적 통제에서 시작하는, 지속적이고 반복적인, 극단적인 경우에는 죽임당하는 폭력의 심각성을 알리기 위해 노력한다. 또한 법률을 만들고 집행하는 사람들도 피해자를 어떻게 선제적으로 보호 체계 영역으로 끌어들일지 고민하기 시작했다.

한때 '2차 피해'라는 말이 모호하고 주관적이라 법률 용어로 적합하지 않다는 비판이 많았다. 2018년 12월 「여성폭력방지기본법」이 제정되면서 '2차 피해'는 정의규정을 갖춰 법률에 포함되었다. '성희롱'이라는 단어 역시 처음부터 법률에 있었던 것은 아니다. 1993년 서울대학교 조교였던 피해자가 교수인 가해자를 상대로 제기한 민사소송에서 그 개념이 처음 다루어졌고, 결국 법률 속에서 이름을 가지게 되었다.

지금은 이름조차 없는 피해들도 언젠가 법률이 끌어안아 줄 수 있어야 한다. 그렇게 되어야만 한다. 친밀한 관계는 폭력을 능숙하게 감춘다. 관계 속에 숨은 폭력은 가끔은 사랑, 관심, 질투, 집착이라는 본능에 기대어 구실을 찾는다. 하지만 사랑은 본래 폭력의 정반대 편에 서 있는 존귀한 것이다. 관심, 질투, 집착은 사랑의 편에 서느냐 폭력의 편에 서느냐에 따라 의미가 달라진다. 친밀함 속에 숨은 폭력 깨뜨리기를 두려워하면 안 된다. 그 관계에서 벗어나려는 사람, 또는 폭력을 공론화하는 사람에게 너무 늦지 않게, 너무 멀지 않게 법률이 먼저 다가가야 한다.

이름 없는 폭력들

한때는 이름조차 없었던 폭력들이 있다. 교제폭력은 오랫동안 단순한 애정싸움이나 연인 간의 다툼으로 여겨져 왔다. 데이트폭력으로 불려왔던 이 폭력은, 반복되는 심각한 폭력, 스토킹, 살인이라는 비극으로 전개되면서 가볍고 사소한 어감의 데이트폭력이라는 말 대신 교제폭력으로 다시 부르기 시작했다.

디지털 성범죄 역시 마찬가지이다. 과거에는 몰래카메라, 리벤지 포르노 등으로 불리며 그저 일탈 행위나 도덕적 일그러짐 정도로 취급되었지만, 공중 밀집 지역에서의 집단적 불법촬영이나, 범죄 단체를 구성하며 이루어진 체계적인 성착취 범죄 등을 경험하며 디지털 성범죄, 불법촬영이라는 사회적 명칭이 부여되었다. 현재 디지털 성범죄는 「성폭력범죄의 처벌 등에 관한 특례법」과 「아동·청소년의 성보호에 관한 법률」에서 다루고 있다.

스토킹은 집착이나 괴롭힘, 그리고 구애 과정에서 흔히 있을 법한 일 정도로 가볍게 여겨진 기간이 길었다. 2013년 「경범죄처벌법」에 '지속적 괴롭힘'이라는 이름으로 처음 법률에 들어왔으나, 말 그대로 경범죄에 불과했다. 2021년 3월 발생한 서울 노원구의 김태현 살인 사건 등 무수한 스토킹 살인 사건을 목격하며, 스토킹도 강력 범죄이자 중대한 범죄로 다루어져야 한다는 목소리가 높아졌고, 결국 위 사건이 발생한 직후 국회에서 「스토킹범죄의 처벌 등에 관한 법률」이 제정되었다.

직장 내 괴롭힘 역시 '인사권자의 재량'이나 '조직문화'라는 이름으로 오랜 시간 방치되었지만, 괴롭힘으로 인한 정신적 고통과 자살 문제가 사회적으로 조명되면서 2019년 「근로기준법」 개정을 통해 그 정의와 금지가 명문화되었다.

느린 걸음이지만 법률은 한걸음씩 이름 없는 폭력에 다가가고 있다.

피해의 언어

 같은 시기, 같은 죄명, 같은 나이, 같은 성별. 유독 더웠던 어느 여름날, 거의 동시에 비슷한 두 사건이 나를 찾아왔다. 대학교 졸업을 앞두고 있던 민아와 세나 사건이었다. 두 사람은 서로를 알지 못했지만, 나는 이 두 사건을 거의 동시에 다루었다. 그때 처음 알 수 있었다. 보기엔 비슷해 보여도 피해를 말하는 방식은 완전히 다를 수 있음을. 피해의 언어는 결코 하나가 아니며 누구에게도 당연하지 않다는 것을.
 이들은 준강간° 피해자였다. 하지만 피해를 서술해 나가는 방식이 확연히 달랐다. 비교적 비슷한 환경에서 같은 시대를 경험한 민아와 세나가 마주한 피해의 모습에 차이가 있었다는 뜻이다. 민아는 피해를 상기하며 치밀하게 자신의 감정을 기록하고 표현했다. 반면 세나는 자신의 피해를 되새겨 볼 수는 있었지만, 그 피해를 자신의 언어로 만들어 표현하는 것을 힘들어했다. 피해로 인한 감정적 변화와 충격, 정신적 고통의 크기가 저마다 다르다는 기본 전제를 차치하고서라도, 민아와 세나가 피해 감정을 서술하는 과정은 분명 달랐다.

민아는 한마디로 형사사법 절차에서 피해자에게 요구되는 피해자의 언어를 정확히 구사하는 사람이었다. 감정을 표현할 때도 피해로 인한 현재의 감정, 자신의 상태, 삶 전반에 미치는 부정적 영향에 대해 피해자들이 주로 쓸 법한 관습적 표현을 비교적 잘 사용했다.

"평범하게 살아오던 제가 이런 피해를 겪게 되었습니다. 어떻게 받아들여야 할지 모르겠고, 정신적으로 너무 힘들고 괴로워요. 잠도 잘 못 잡니다. 치료를 받고는 있지만 언제 나아질지도 모르겠어요. 앞으로도 이런 상태라면 절망적일 것 같아요. 가해자가 꼭 처벌되면 좋겠어요."

민아의 피해 감정 진술은 다른 피해자의 진술과 크게 다르지 않았다. 형사사법 절차 속에서 문제가 되지 않는 무난한 감정 표현

○ 사람의 심신 상실 또는 항거 불능의 상태를 이용한 성범죄.

이었다. 여기서 내가 말하는 무난함이란, 진술 조서에 기재되기에 가장 적절한 언어라는 의미이다.

반면에 세나는 감정이 언어화되지 않는 답답함을 토로했다. 피해자 진술 조사 과정에서 피해 사실은 비교적 잘 진술했다. 하지만 이 사건으로 인한 피해나 현재 상태 등을 물으면 선뜻 답하지 못했다. 결국 피해자 진술 조사 도중 잠시 휴식을 요청하기로 했다.

사실 피해자 진술에서 가장 중요한 것은 어떤 피해를 입었는지를 구체적으로 진술하는 것이다. 피해자의 의견이나 감정, 현재 상태는 피해 그 자체보다는 중요도가 떨어진다. 이런 이유로 대강 이야기하거나, 민아처럼 "힘들다." "괴롭다." 정도로 통칭되는 감정을 진술하면 빠르게 끝이 난다. 그런데 세나는 자신의 감정을 언어로 전환하는 과정에서 애를 먹고 있었다. 휴식을 요청한 뒤 밖으로 나온 세나는 무거운 짐에 짓눌린 사람처럼 답답해 보였다.

"제 감정을 어떻게 표현해야 하는지 모르겠어요. 한 번도 경험한 적이 없어서 말하기가 더 어려워요. 답답해 미치겠는데 어떻게 해요? 토할 것 같아요."

피해 당시 상황이나 중요한 줄기는 제대로 진술했으니 괜찮다고, 원하지 않으면 굳이 감정적인 부분까지 진술 조서에 남기지 않아도 된다고 세나를 안심시켰다. 그런데도 세나는 작게 말했다.

"내가 겪은 일인데, 내 감정을 표현하지 못하다니… 바보가 됐나 봐요."

세나는 이 말을 끝으로 다시 경찰서로 들어갔다. 그리고 이렇게 자신의 감정을 정리했다.

"아까 이 일로 어떤 감정이 들었냐고 물으셨죠? 제가 표현이 안 돼서 그러는데요. 그냥, '씨발 재수 없어. 개새끼 죽어버렸으면 좋겠어.' 이렇게 남겨주세요."

조사 마무리를 하려던 경찰에게 세나가 남긴 마지막 진술이었다. 정제되지 않았지만 날것과도 같은 욕설이 세나의 감정을 설명해 주는 유일한 언어였다. 정제된 언어로 잘 말해야 할 것 같았던 세나의 고민은 욕설을 내뱉음과 동시에 날아가 버렸다. 나까지 통쾌해지던 순간이었다.

●

현상과 감정을 설명하고, 누군가를 설득해 공감을 이끌어 내는 과정에는 언어가 중요하다. 우리에게 언어가 필요한 결정적 이유이다. 그런데 이 언어를 모두가 가지고 있지는 않다. 현상은 있는데 표현할 언어가 없다면 결국 현상은 없는 것과 마찬가지이다. 인간의 사고 범위 또한 우리가 가진 언어의 한계를 능가하기 어렵다. 피해자들은 종종 피해 이후 형사사법 절차 안에서, 그리고 일상 속에서도 자신만의 언어를 잃는다. 그건 단순한 어휘력이나 말재주의 문제가 아니다. 피해를 겪은 뒤 무너진 감각, '혹시 내 잘못은 없을까?' 하는 자책, '내 말을 믿어줄까?'라는 두려움, 그리고 실제로 마주하는 피해자를 향한 의심과 피해에 관한 판단들이 이들의 언어를 마비시킨다. 게다가 피해자들은 피해를 설명할 언어가 부족하다고 느낀다. 자신이 처한 상황과 감정을 오롯이 담아낼 말이 충분하지 않아서이다. 언어가 부족하면 피해자들을 한 개인이 아닌 '피해자'라는 하나의 집단으로만 취급한다. 또는 사회가 피해자에게 부여한 특정한 역할과 기대하는 행동을 강요한다. 이렇게 만들어진 단일 이미지, 왜곡된 상, 피해자다움은 우리 사회가 알게 모르게 피해자들에게 강요하는 '역할'이기도 하다.

특히 법이 개입해야 하는 피해라면 더더욱 피해자의 경험은 명료한 언어로 구성되어야 한다. 진술은 구체적이고 일관되어야 한다. 구체성과 일관성을 획득하면 진술의 신빙성이 인정된다. 그리고 그 진술을 마주한 우리가 그 말을 얼마나 제대로, 잘 듣고 이해했는지도 중요하다. 피해자가 자신의 이야기가 잘 전달되었다고 느껴야, 두려움과 위축 없이 자신의 언어를 꺼낼 수 있게 된다. 피해자의 말이 서툴든 정제되지 않았든, 더 귀 기울여야 하는 이유이다.

피해자의 언어가 단지 전달의 수단은 아니다. 보호받을 수 있는지의 여부를 결정하는 기준이 되기도 한다. 우리는 피해자들의 피해와 감정을 선별한다. 어떤 피해에는 쉽게 공감하고 손을 내밀지만, 어떤 피해는 관심의 영역에서조차 탈락한다. 보이지 않는 선별 작업으로 누군가는 보호의 울타리 안으로 들어오지만, 누군가는 그 문턱조차 넘지 못하고 철저히 배제된다. 그리고 이 분류는 형사사법 절차 안에서도 그대로 반복된다. 특히 피해가 법의 영역에서 판단되는 경우라면, 이들의 언어는 법이 정해놓은 기존 언어대로 명료하고, 명백하고, 정확해야 한다.

피해자에게 기대하는 피해 경험, 말투, 어휘, 표정, 태도. 이 모든 관습적인 '피해자다움'을 잘 따라가는 사람은 보호의 영역으로 쉽게 들어선다. 하지만 관습적 문법을 따라가지 못하거나, 거부하는 사람들은 피해를 경험하더라도 보호의 영역으로 들어가기 어렵다. 말과 행동 하나하나가 검증의 대상이 되고, 보호 영역으로의 초대 절차는 더 까다로워진다. 종종 사람들의 마음에 들지 않는다는 이유로 피해를 입었음에도 비난의 대상이 되기도 한다. 즉, 관습적이지 않은 언어를 사용할 때 검증의 허들이 높아진다.

법이 개입해야 하는 피해라면, 그 출발점이 되는 피해자의 진술이 특히 중요해진다. 이야기를 잘 시작하기 위해서는 피해자가 위축되지 않고 말할 수 있는 환경부터 조성되어야 한다. 말하기 어렵고, 불편하고, 두려운 상황에서 어떻게 정확한 단어와 표현을 사용해 상황과 감정을 전달하겠는가?

강력범죄 피해를 당하고도 환한 웃음을 짓고, 활기차게 일상을 이어나갈 수 있다. 사기 피해를 당하고 금방 잊고 자신의 삶에 집중하는 것이 전혀 이상한 일은 아니다. 직장 내 괴롭힘을 당했음에도 업무에 더 열심히 임할 수도 있다. 성폭력 범죄 피해를 입고도 두려움와 수치심 따위는 전혀 없을 수도 있다. 민아처럼 피해 감정을 기존의 관습에 맞추어 잘 설명하는 피해자도 있고, 세나처럼 비속어를 사용할 수밖에 없는 피해자도 있다. 특정한 언어로 중요도를 결정하는 대신, 그들의 언어를 선별하고 차별하는 태도를 경계해야 한다. 기존의 형사사법 절차에서 바라는 언어를 구사하면 보호하고, 그렇지 않으면 배제한다면 결국 모든 피해자에게 정형화된 언어를 강요하는 꼴이 된다.

그들이 어떤 언어를 사용하는지보다, 그들이 사용할 수 있는 제대로 된 언어가 존재하는지에 집중해야 한다. 그리고 우리가 피해자들 고유의 언어를 모두 이해할 수 있는 관용적인 사회인지를 질문해야 한다.

우리는 종종 피해자들이 우리가 생각한 것과 다르게 말하고 행동한다는 이유로 그들을 특이하거나, 아주 극복을 잘한, 본받아야 하는 위인쯤으로 취급하는 오류를 범한다. 피해자가 된다는 것은 일생에 있어 큰 사건이다. 피해를 회복하고 일상으로 돌아가는 과정은 피해 그 자체보다 더 큰일이다. 또 힘든 일이다. 피해자가 되면 혼자서는 회복이 불가능한 이유이다. 옆에 있는 사람들과 사회의 국가 시스템 전체가 유기적으로 움직여야 간신히 회복이 가능하다. 그런데 피해자를 정형화된 틀에 가두어 버리면, 그들은 어떻게 말하고 행동해야 하는지조차 혼란스럽다. 그러니 질문해야 한다. 우리의 틀, 이상과 맞지 않는 행동을 하고 언어를 구사하는 피해자들에게 우리 사회는 충분히 너그러운가?

> **참고 판례**
> - 대법원 2021. 2. 4. 선고 2018도9781 판결
>
> 준강간죄에서 '심신상실'이란 정신기능의 장애로 인하여 성적 행위에 대한 정상적인 판단능력이 없는 상태를 의미하고, '항거불능'의 상태란 심신상실 이외의 원인으로 심리적 또는 물리적으로 반항이 절대적으로 불가능하거나 현저히 곤란한 경우를 의미한다. 이는 준강제추행죄의 경우에도 마찬가지이다. 피해자가 깊은 잠에 빠져 있거나 술·약물 등에 의해 일시적으로 의식을 잃은 상태 또는 완전히 의식을 잃지는 않았더라도 그와 같은 사유로 정상적인 판단능력과 대응·조절능력을 행사할 수 없는 상태에 있었다면 준강간죄 또는 준강제추행죄에서의 심신상실 또는 항거불능 상태에 해당한다.

아이의 세상이 언제나 따뜻하진 않다

아동학대는 더 이상 특별한 사건이 아니다. 한 달에 **3.7**명의 아동이 학대로 사망한다. 아동학대 사례 중 **80**퍼센트 이상이 가정 내에서 발생하고, 학대 행위자의 **85**퍼센트가 부모이다. 가장 보호 받고 안전해야 할 공간에서 대부분의 아동학대가 일어난다. 무엇보다 아동학대는 결코 그 순간의 상처로만 끝나지 않는다. 유수의 전문가들이 아동기의 학대 경험이 뇌 발달에 영향을 미친다고 경고한다. 아이의 정서와 발달을 뒤흔들고, 오랜 시간이 흐르고도 한 개인의 성장에 영향을 미친다. 성인이 되고, 어쩌면 가정을 꾸린 뒤에도 그때의 흔적이 다시금 슬그머니 모습을 드러내기도 한다. 오랫동안 아무리 떼어내도 끈질기게 아동학대 피해자를 따라다닌다.

학대는 비겁한 범죄이다. 자신이 학대를 받는지조차 인식할 수 없는, 세상에서 가장 약하고 소중한 존재를 대상으로 삼기 때문이다. 이 작은 존재들이 어렴풋이 무언가 잘못되었다는 사실을 알아차리더라도 바로잡기는 힘들다. 그 사실을 말하는 순간 가족을 잃을지도 모른다는 두려움에 침묵을 선택하기도 한다. 학대는 신체 이전에 마음에 흔적을 남기지만, 신체에 남은 흔적을 통해서 뒤늦게 자신이 당한 일을 알아차리는 경우가 많다. 세정이가 그랬다.

"이거 정말 아이 팔 사진이 맞아요?"

해바라기센터 수사관이 보여준 사진은 경악스러웠다. 팔은 본래의 피부색을 거의 찾아볼 수 없었는데, 그 주인이 갓 중학교에 들어간 아이라는 게 믿기지 않았다. 푸르다 못해 까맸다. 세정이의 팔은 양육자가 아닌 동거인의 폭행으로 생긴 상처라고 했다. 팔 색깔이 점점 이상하게 변하는 것을 보고, 어머니는 세정이와 함께 병원을 찾았고, 진료한 의사는 아동학대를 의심해 바로 경찰에 신고했다.

세정이는 지적 수준이 높고 언어 능력이 탁월했다. 첫 만남부터 똑똑하다는 것이 느껴질 정도로, 소통 능력은 물론이고 표현력까지 뛰어났다. 그래서 더 궁금했다. 이런 세정이를 이렇게 무참하게 때린 그 동거인은 누구인가? 의사 표현이 정확한 세정이가 몸이 이렇게 될 때까지 참았을 리가 없어 보였다.

알고 보니 그 동거인은 세정이 어머니가 심취해 있는 종교의 신도였다. 세정이의 집에 방문하는 횟수를 늘리다가 1년 전부터 아예 들어와 살았다고 한다. 무언가 이상하다고? 그렇다. 세정이의 어머니는 사이비 종교 신자였다. 동거인에게 세정이가 공부를 더 잘하기 위해서는 자신만의 공부 비법으로 과외를 받아야 한다는 세뇌를 당했고, 세정이는 1년 동안 이 동거인에게 과외를 받았다. 어머니는 세정이가 맞았다는 사실을 모두 알고 있었다. 심지어 세정이가 맞을 때 지켜보았던 적도 있었다. 폭행은 신체에 손상을 주는 방식으로 이루어졌으므로, 아동학대에 명확히 해당했다. 문제는 세정이 어머니였다.

"어머니, 어머니 딸이잖아요. 어린애가 맞는데 정말 가만히 계셨던 거예요? 이건 너무 눈에 보이는 학대예요."

"이렇게 해야 세정이가 잘된다고 해서요. 잘 몰랐어요. 그리고 세정이가 이런 방법으로 공부하고 과외를 받으니까 분명 성적이 올랐거든요? 그래서 저는 효과가 있나 보다… 학대라고는 전혀 생각을 못 했어요. 죄송합니다."

나와 경찰에게 죄송할 일은 아니었다. 세정이의 피해 진술을 청취하고 어머니와 상담한 결과, 경찰이 세정이의 어머니에게도 아동학대의 공범이나, 최소한의 방임 혐의로 입건해 수사할 가능성이 매우 높다는 사실을 알 수 있었다. 나는 세정이의 학대 피해를 지원하는 국선 변호사였다. 어머니가 입건되거나 기소되더라도 내가 어머니를 법률 조력할 수는 없었다.

"우리 엄마도 처벌받는다고요?"

세정이는 그 사실을 알게 된 후 소리를 지르며 울었다.

"저 그럼 그냥 죽어버릴 거예요. 저 오늘 피해 진술도 했다구요! 그거 취소 못 해요?"

세정이는 자신이 폭행을 당한 정도나 기간, 그 상황을 엄마가 용인했다는 것마저 알고 있었다. 하지만 자신의 피해보다 엄마가 잘못될지도 모른다는 사실을 더 두려워했다. 아버지가 일찍 세상을 떠난 뒤, 힘든 여건 속에서도 세정이 어머니는 딸을 키워냈다. 두 모녀는 서로의 유일한 버팀목이었다. 사이비 종교에 빠지게 된 것도 생활고와 사기 피해를 겪으며 마음 둘 곳을 잃어버리면서였다. 거기에 가정 형편으로 학교를 제대로 다니지 못했던 세정이 어머니의 성장 배경이 더해지며, 그녀는 세정이의 학업에 지나치게 집착하게 되었다.

약화된 사람을 가장 잘 알아보는 것은 나쁜 의도를 가진 사람이다. 세정이 어머니의 취약한 곳을 정확히 짚어낸 사이비 종교의 한 신도가 과외를 빙자해 모녀에게 접근했다. 과외비를 챙기다가 어느 날부터 집에 들어와 살기 시작했고, 세정이의 성적이 더 오르려면 엄격한 교육 방식이 필요하다며 세정이를 폭행했다. 모든 폭력은 신의 뜻, 또는 교육의 방식으로 포장되었다. 모녀는 어느 순간부터 이 말도 안 되는 현실을 더 나은 미래를 위한 선택이자 과정이라고 믿게 되었다. 폭행을 합리화했다. 세정이 어머니에게는 명백한 방임의 책임이 있었다. 하지만 그 책임조차도 누군가에 의해 조장된 환경에서 비롯된 것이라면, 우리는 그를 단지 '가해자'로만 구획할 수 있을까? 이런 사례에서는 피해자성과 가해자성의 경계는 흐려지고, 법은 그 사이에서 외줄을 타듯 판단해야 한다.

예상했던 대로 세정이의 피해 진술 조사가 끝난 후, 세정이의 어머니는 아동학대의 공범으로 입건되어 경찰 조사를 받았다. 사랑하는 엄마가 '아동학대 피의자'가 되었다는 사실을 알게 된 세정이는 나에게 전화를 걸어 잔뜩 욕을 쏟아 부었다.

"우리 엄마 잘못되면 다 당신 책임인 줄 알아!"

세정이의 혼란은 나에게도 전염되었다. 나는 세정이를 이해하고 싶었다. 하지만 솔직히 억울했다. 세정이를 돕기 위해 시간을 내고 마음을 썼는데, 그런 취급을 받으니 마음이 불편할 수밖에 없었다. 세정이와 어떻게 대화해야 하는지 어른으로서 최소한의 감각조차 없었다. 여러 번 어르고 달래고, 때로는 화도 내봤지만, 세정이의 감정은 더 격해져만 갔다. 그러다 문득 이런 생각이 들었다. 어쩌면 세정이가 화낼 수 있는 어른이 나밖에 없겠구나. 세정이 주위에는 아이를 보호해 줄 가까운 어른이 없었다. 그렇다면 차라리 나에게 화를 내고 욕을 하는 편이 나았다. 그렇게 함으로써 세정이 스스로도 엄마를 위해 뭐라도 했다고 생각할 수 있을 터였다.

세정이 어머니의 행동은 법률적으로 아동학대의 한 유형인 '방임'으로 판단된다. 신체적 학대, 상해나 폭행의 공범으로도 평가될 수 있다. 「아동복지법」상 아동학대란 보호자를 포함한 성인이 아동의 건강 또는 복지를 해치거나 정상적 발달을 저해할 수 있는 신체적·정신적·성적 폭력이나 가혹행위를 하는 것과 아동의 보호자가 아동을 유기하거나 방임하는 것을 의미한다(「아동복지법」 제

3조 제7호). 아동의 보호자는 아동을 건강하고 안전하게 양육해야 하고, 아동에게 신체적 고통이나 폭언 등 정신적 고통을 가해서도 안 된다. 법률에 명시되고 말고를 떠나서 아이들을 학대하는 행위가 정당화될 수는 없다. 법은 인간들이 사는 세상의 최소한의 도덕이다. 법률에는 최소한의 의무만이 법의 언어로 기록된다. 이 최소한의 도덕마저 지키지 못하는 사람들이 많지만 말이다.

세정이 어머니는 거듭 아동학대인지 몰랐다고 말했다. 당연히 몰랐다는 이유로 죄책이 사라지지는 않는다. 그렇지만 세정이 어머니는 이 사건으로 형사 처벌을 받지 않았다. 행위는 법률상 아동학대로 인정되었지만, 모녀가 처한 환경, 가해자 신도의 세뇌 행위, 처벌을 바라지 않는 세정이의 강력한 주장 등이 참작되었다. 검찰은 세정이 어머니에게 치료와 아동학대 관련 교육을 받으라는 조건으로 조건부 기소유예처분을 내렸다. 혐의는 인정되지만, 이번 한 번만 기회를 준다는 의미였다. 교육을 받고 치료를 받아 아이와 잘 살라는 뜻이기도 했다.

세정이가 두려워하던 최악의 상황은 일어나지 않았다. 우리의 인연도 거기에서 끝났다. 그 후로 세정이의 어머니는 연락처를 바꾸었고, 이들이 어떻게 지내는지, 어떻게 살아가는지 알 도리가 없었다.

●

　　몇 년 뒤, 나는 또 다른 아동학대 사건의 법정에서 잊고 있던 세정이를 떠올렸다. 그 사건의 피고인인 아버지는 여섯 명의 아이들에게 신체적 학대를 상습적으로 저질렀다. 아이들 중 일부는 나이가 어려, 자신이 어떤 상황인지도 모르고 마냥 해맑았다. 이 사건은 둘째 아이 정서가 부친을 직접 아동학대로 신고하며 시작되었다. 피고인이 일부 범죄 사실을 부인했기에, 피해자들 중 진술이 가능한 아이들이 검찰 측 증인으로 채택되어 법정에 섰다. 비공개 심리°로 열린 재판에는 나와 피해 아동, 피고인과 변호인, 검사, 판사뿐이었다.

　　정서와 아버지가 얼굴이 마주치지 않도록 법정에는 차폐 시설이 설치되었다. 경찰과 검찰에서 여러 번 피해 진술을 한 정서는 법정에서도 막힘없이 진술했다.

　　"저는 아빠를 다시는 보고 싶지 않아요. 앞으로도 같이 살고 싶지 않고요. 시설에서 살고 있는 지금이 너무 좋아요. 오빠와 동생들도 같은 마음일 거예요."

　　정서는 부친에 대한 처벌 의지를 분명히 했다.

○　성폭력 범죄, 아동학대 범죄 등의 법원 심리 과정에서는 피해자의 사생활을 보호하기 위해 결정으로 심리를 비공개할 수 있다.

"마지막으로 하고 싶은 말 있어요?"

재판장이 정서의 진술을 모두 듣고, 증인신문을 종결하기 전 한 번 더 물었다. 나긋하고 다정함이 묻어나는 목소리였다. 한동안 법정에는 적막이 감돌았다. 잠깐의 침묵 후에 정서가 소리 내어 울기 시작했다. 차폐 시설 뒤에 앉아 있던 피고인도 울음을 참지 못하고 흐느꼈다. 피해자와 가해자, 아이와 아버지의 울음이 뒤섞인 법정의 모습은 처절했다. 어떤 말도 하지 않았지만 정서가 하고자 했던 말이 모두 전해졌다. 그래서 누구도 그만 울라고 말할 수 없었다. 그 울음이 끝나기 전까지 법정은 멈추어 있었다. 기다려 주었다. 어쩌면 그 울음이 부녀가 처음이자 마지막으로 나눈 대화였을지도 모른다. 거기에는 말보다 더 많은 감정이 있었다. 폭력은 침묵과 울음이라는 가장 깊은 흔적을 남겼다.

법정에서의 눈물은 낯선 것이 아니다. 나 역시 수많은 법정에서 수많은 울음소리를 들었다. 하지만 그날만큼 외로운 소리는 그 전에도, 그 후에도 들어 본 적이 없었다.

그 법정을 나서며, 문득 세정이가 떠올랐다. 어머니의 학대 사실을 끝까지 인정하지 않았던 세정이와 아버지의 처벌을 강하게 원했던 정서가 정말 다를까? 가정과 학교에서 새로운 감정을 접하고, 안락함과 불안감을 동시에 느끼며, 부모와의 애착을 바탕으로 세상과 만나는 단단한 근육을 길러야 할 시기에 이 아이들은 학대가 무엇인지, 그 의미를 온몸으로 알게 되었다. 그리고 타의로, 혹은 자의로 형사 절차에 휘말리며 이중의 고통을 겪었다. 표현하는 방식도, 각자 대처하는 방법도 달랐지만, 아이들이 짊어져야 했던 고통의 무게는 결코 다르지 않았다.

부모가 처벌을 받든 안 받든, 학대의 흔적은 아이들의 내면 어딘가에 덩그러니 남아 쉽게 사라지지 않을 것이다. 아이들이 태어나 처음 만나는 세상, 즉 전부인 부모가 가해자가 되는 사건들은 대표적인 암수범죄暗數犯罪°로, 그 이야기가 법정까지 닿기 어려운 경우가 많다.

세정이와 정서는 그나마 자신들의 이야기를 각자의 방법으로 수사기관과 법정에 전했다. 그들은 어쩌면 그 암흑 같은 과정에서 결코 혼자가 아니라는 사실을 알게 되었을지도 모른다.

이제 그 아이들은 어른이 되었다. 그들이 내 이름과 얼굴을 잊고 평범한 삶을 살기를 바란다.

○ 공식적으로 신고되거나 적발되지 않아 통계에 잡히지 않는 범죄. 실제로 발생했지만 경찰이나 검찰 등 수사기관에 보고되지 않아 '숫자로 드러나지 않는 범죄'를 말한다.

아동복지법 제2조(기본 이념)

① 아동은 자신 또는 부모의 성별, 연령, 종교, 사회적 신분, 재산, 장애유무, 출생지역, 인종 등에 따른 어떠한 종류의 차별도 받지 아니하고 자라나야 한다.

② 아동은 완전하고 조화로운 인격발달을 위하여 안전한 가정환경에서 행복하게 자라나야 한다.

③ 아동에 관한 모든 활동에 있어서 아동의 이익이 최우선적으로 고려되어야 한다.

④ 아동은 아동의 권리보장과 복지증진을 위하여 이 법에 따른 보호와 지원을 받을 권리를 가진다.

가짜니까 괜찮아

"변호사님, 그놈 구속된 거 맞죠? 이상해요. 모르는 사람 인스타그램에 자꾸 제 사진이 올라와요."

처음 만나 사귀고 헤어지기까지 단 열흘. 미라가 '그놈'과 함께한 시간이었다. 그놈은 열흘 동안 미라가 누구를 만나는지, 어디에 가는지 통제와 폭력을 반복했다. 결국 미라는 공포심에 이별을 고했다. 결별 통보 후 그놈은 미라가 감당할 수 없는 수준의 협박을 지속했다. "결별을 받아들일 수 있을 때까지 함께해 달라." "성관계를 하자. 그렇지 않으면 나체 사진을 부모님께 전달하겠다."는 식이었다. 전형적인 협박이었다. 협박으로 강간 피해까지 입게 된 미라는 도저히 이대로는 안 되겠다는 생각에 경찰서를 찾았다.

"사귀던 사이라고요? 사귀던 사이인데 무슨 강간이에요? 어려울 것 같은데…."

미라의 사건을 접수한 경찰이 건넨 첫마디였다. 미라는 나에게 오기 전, 혼자 경찰서를 찾아 그놈을 고소했다. 그런데 시간이 흐를수록 도저히 혼자서는 사건을 감당할 수 없어졌다. 처음 미라를 만났을 때, 미라는 며칠 동안 잠을 못 자 자기가 무슨 말을 하고 있는지도 정확히 모를 정도로 혼미한 상태였다.

미라가 고소했다는 사실이 알려지며 그놈의 협박 강도는 더욱 심해졌다. 보통 고소를 당하면 하던 협박도 잠깐 멈추는 게 일반적인데, 달랐다. 협박의 강도는 더 세졌고, 행위는 더 대담해졌다. 트위터(현재 'X'), 인스타그램에 미라의 사진을 업로드하기 시작한 것이다. 사진에 더해 미라가 다니는 대학교, 학과, 친한 친구들, 미라의 연락처, 가족관계를 기재한 정보까지 전부.

남자 없이 못 사는 년.
교수랑 모텔 들어가는 것도 목격함.
○○학과 남자들 대부분이랑 잤음.

미라를 성적으로 문란한 사람인 것처럼 묘사하는 글을 끊임없이 올렸다. 누군지도 모르는 사람들이 하루에 100통이 넘는 전화를 걸고, 차마 입에 담을 수도 없는 저급한 문자를 보내왔다. 그로 인해 미라의 부모님과 친구들까지 미라의 피해 사실을 알게 되었다. 그들이 해줄 수 있는 조언은 잠시 숨어있으라는 것뿐이었다. 스트레스가 극에 달한 미라는 결국 휴대전화를 버릴 수밖에 없었다. 익명의 사람들에게 공격당하며 미라는 모두가 자신을 이상하게 보는 것 같다는 생각에 사로잡혔다. 편의점에 갈 때도, 산책을 할 때도 모두가 자신을 아는 것만 같았다. 미라는 결국 학교까지 휴학했다.

그놈은 협박죄로 수사를 받다가, 협박의 방법이나 내용의 심각성으로 경찰 수사과정에서 구속되었다. 미라와 나는 안도했다. '이제는 새로운 글이 올라오지 않겠지.' 잠깐은 이 피해가 멈출 것이라 생각했다. 그러나 완전히 잘못된 판단이었다. 미라의 사진과 관련 글은 계속해서 새로운 플랫폼과 새로운 계정으로 올라왔다. 계정을 추적하면 계정이 폭파되었고, 또 새로운 계정에 미라의 사진과 글이 올라왔다. 가해자는 분명 구속되어 물리적으로 세상과 단절되어 있는데, 도대체 누가 이런 짓을 하는 것일까?

나는 별로 겁이 없는 편이다. 그런데 그때는 두려웠다. 구속된 그놈이 누군가를 시켜 또 이런 짓을 하는 건가? 설마 구치소에서 직접 이런 짓을 하나? 말도 안 되는 생각들이 스쳐갔다. 게다가 시간이 지날수록 사진의 수위가 높아졌다. 처음에는 평범한 사진에 미라의 개인정보나 인적사항이 함께 기재되어 있었는데, 어느 순간부터 포르노그래피에 미라의 얼굴을 합성했다. 마치 실제로 포르노그래피에 등장한 것처럼 말이다.

미라는 매일 아침, 새롭게 유포된 사진과 글을 확인했다. 하루의 시작이 끔찍했다. 분명 미라가 아닌데 다른 사람은 미라인 줄 착각할 '진짜 같은 가짜'를 끊임없이 스스로 확인했다. 그 과정이 몇 주간 반복되니, 미라조차 합성 사진이 진짜인지 가짜인지 구분하기 어려운 상태에 이르렀다. 미라는 멍하게, 그저 반복적으로 올라온 사진과 글을 캡처해 나에게 전달했다. 평범하던 미라의 일상이 완전히 무너진 것이다. 하루의 시작과 끝을 자신의 얼굴이 들어간 음란물을 찾아내는 일로 보내는 것은 겪은 사람만이 알 수 있는 고통이다. 겪어보지 않고서는 헤아릴 수조차 없는 깊숙한 공포이다. 나 역시 이 과정에서 냉정할 수만은 없었다. 보기만 해도 탄식이 나오는 사진들이었지만 변호사가 감정을 드러내면 미라가 더 크게 무너질 것이 분명했다. 냉정함을 잃어가는 동안에도 나는 최선을 다해 냉정한 척했다. 미라가 보낸 사진들을 확인하고, 경찰이 이해하기 쉽게 모아 증거 자료로 만들고, 의견서를 제출하는 과정을 반복했다. 하지만 이런 노력마저도 벽에 막히곤 했다.

"이건 그냥 합성된 거잖아요. 합성된 사진에다가 인적사항 일부 올린 것만으로는 형사처벌 어렵다는 거 변호사님도 잘 아시면서. 저희가 달리 해드릴 수 있는 게 없어요."

포르노그래피에 합성된 사진, 개인 정보를 업로드했다는 것만으로는 형사처벌의 근거가 매우 부족했다. 사실인지 허위인지 증명 가능한 특정 사실에 관한 적시도 없었고, 그 사진에 달린 글에는 모욕적 표현도 부재해서 명예훼손죄나 모욕죄 성립도 어려웠다. 처벌할 수 있는 조항은 「정보통신망 이용촉진 및 정보보호 등에 관한 법률」에서 금지하고 있는 음란물 유포 정도였다. 내 얼굴이, 내 몸이, 법적으로 음란물로 취급된다는 사실을 받아들여야 하는 것이다. '음란성'에 대한 대법원의 판단은 다음과 같다.

> 사회통념에 비추어 전적으로 또는 지배적으로 성적 흥미에만 호소할 뿐 하등의 문학적·예술적·사상적·과학적·의학적·교육적 가치를 지니지 아니한 것으로서, 과도하고도 노골적인 방법에 의하여 성적 부위나 행위를 적나라하게 표현·묘사함으로써, 존중·보호되어야 할 인격체로서의 인간의 존엄과 가치를 훼손·왜곡한다고 볼 정도로 평가될 수 있어야 한다.
> ― 대법원 2017. 10. 26. 선고 2012도13352 판결

그런데 단순 음란물 유포는 성범죄로 취급되지 않기 때문에, 상대적으로 가볍게 처벌된다. 처벌이 가벼우면 인식도 가벼워진다.
"그나마 다행이잖아요. 합성된 거니까요. 실제로 찍힌 사진이 유포된 게 아니라 얼마나 다행이에요. 이러다 잠잠해질 테니 걱정하지 마세요."
경찰이 건넨 위로 아닌 위로가 미라의 마음을 더욱 무너뜨렸다. 우리가 할 수 있는 일이라곤 미라의 합성 사진 옆에 명예훼손성 또는 모욕성 글이 올라오기를 기다리는 것뿐이었다. 그러니까 미라를 더 고통스럽게 할 처벌 가능한 죄명이 생기기를 기다리는 수밖에 없었다.

●

　이른바 '지인 능욕'으로 불리는 이 범죄는 이름부터 잔인하고 기괴하다. 지인 능욕은 피해자의 일상을 송두리째 무너뜨리면서도 오랫동안 형사처벌 영역의 바깥에 머물렀다. 범죄가 분명한데 법은 이를 범죄라 부르지 않았던 것이다. 2018년, 미라는 그 지독한 공백의 시간을 온몸으로 견뎌야 했던 피해자이다. 그리고 내가 만난 첫 번째 딥페이크deepfake 성범죄 피해자였다. 딥페이크란 딥러닝deep learning과 페이크fake의 합성어로, 인공지능 기술을 활용해 실제 인물의 얼굴이나 목소리를 정교하게 조작하는 것을 말한다. 지금에야 잘 알려져 있지만, 당시에는 '딥페이크'라는 단어가 생소하던 시절이었다. 기술과 범죄가 법을 훨씬 앞서 있었고, 피해자는 그 틈에서 홀로 고통을 견뎠다.

　그놈이 구속된 후에도 미라의 공포는 끝나지 않았다. 미라의 합성 사진과 개인 정보가 인터넷 어딘가를 떠돌았다. 누가 올리는지 알 수 없었고, 여전히 지금도 그 사진을 누가 올렸는지 모른다. 미라의 고통을 얼굴 없는 익명의 계정들이 계속 연장하고 있었다. 당시 미라는 분명 피해자였지만, 사법적으로 피해자가 아닌, 그저 어딘가에 존재하는 모호한 사람으로 취급되었다. 법률이 미라의 피해에 마음을 두지 않았기 때문이다.

　내가 본 사진 속 미라의 얼굴은, 매번 다른 몸에 합성되어 있었다. 하루는 10장이더니, 다음 날은 100장이 넘는 이미지가 새 계정에서 쏟아졌다. 사진 속 합성된 미라의 몸은 나체였고 자세는 노골적이었다. 하지만 가장 끔찍한 건, 이 사진 뒤에 누가 숨어 있는지 알 수 없다는 사실이었다. 미라가 느끼는 커다란 공포의 극히 일부가 전달되는 것만으로도 나의 세계도 휘청였다. 당사자는 어땠을까. 몇 년이 지난 지금까지도 여전히 그 역겨운 합성 사진들이 내 머릿속을 떠나지 않는데 말이다.

미라가 겪은 피해가 2020년 6월 이후 발생했다면, 명백한 범죄이고 형사처벌의 대상이 된다. 「성폭력범죄의 처벌 등에 관한 특례법」 제14조의2에 따라 처벌 가능한 이 범죄는, 2020년 텔레그램 N번방 사건 이후 이른바 '허위영상물등편집죄'라는 이름으로 법률 안으로 들어왔다. 지금은 '딥페이크 성범죄'라는 이름으로 대중에게 익숙해진 범죄를, 2024년 9월 법률은 다시 한번 개정했다. 보다 정교하고 광범위해진 범죄 양상에 대응하기 위해서였다.

처음 '허위영상물등편집죄' 조항이 도입되었을 당시에는, 매우 보수적인 시각에서 최소한의 행위만을 처벌 대상으로 삼았다. '반포 등을 할 목적'을 전제로, 사람의 얼굴·신체 또는 음성을 성적 욕망이나 수치심을 유발할 수 있는 형태로 편집·합성·가공하거나, 그렇게 제작된 영상물 등을 반포하는 행위만을 범죄로 규정했다. 법정형은 5년 이하의 징역 또는 5천만 원 이하의 벌금이었다. 바로 그 직전에 촬영 상대방의 의사에 반해 성적 영상물을 촬영한 경우에는 소지·구입·저장·시청하는 것만으로도 처벌하는 조항이 신설되었지만, 이때도 딥페이크 영상물은 처벌 대상에서 제외되었다.

또한 '반포 목적'이 입증되지 않으면 처벌할 수 없도록 규정된 탓에, "나는 이 영상물을 개인 소장 목적으로 합성한 것이지, 유포할 목적이 전혀 없었어요!"라는 변명이 가능했다. 실제로 수사기관이 유포 흔적을 발견하지 못한 경우, 피해자가 실재하고 합성된 영상물이 다수 존재하더라도 행위자는 처벌을 피할 수 있었다.

"텔레그램으로 유포된 건은 사실상 가해자 검거가 어려워요."

"유포 증거를 가지고 계신가요? 저희가 그걸 다 확인하기는 어렵거든요."

딥페이크 성범죄 피해자들이 경찰 수사를 접하면서 가장 많이 듣는 말이다. 상담소를 통해 오는 피해자들, 나를 직접 찾아오는 피해자들 모두 수사기관에서 겪는 어려움을 토로한다. 범죄 피해를 신고하러 간 피해자들이 가장 먼저 마주하는 것이 바로 '수사의 한계'라는 장벽이다.

2024년, 언론으로 딥페이크 범죄의 수사 통계가 국회에 공개되면서 이 문제는 더욱 명확해졌다. '허위영상물등편집죄'로 기소된 피고인은 2021년 42명, 2022년 36명, 2023년 29명에 불과했다.° 경찰 접수 건수 역시 매우 적었다. 2021년 156건, 2022년 160건, 2023년 180건.°° 이 수치들이 말하는 바는 분명하다. 일단 사건화되어 경찰로 접수되는 건수 자체가 다른 디지털 성범죄에 비해 현저히 적고, 경찰에 사건이 접수되더라도 검찰 기소라는 문턱을 넘기 어렵다. 통계보다 더 큰 문제는, 애초에 신고조차 못 한 사람들의 이야기는 이런 통계에도 담기지 않는다는 점이다. 경찰서를 찾았다가 "검거가 어려울 수도 있다."라는 말을 듣고 사건을 접수하지 못한 피해자들을 추적해 본다면, 고소 또는 신고의 문턱이 얼마나 높고 까다로운지를 확인할 수 있다. 물론, 안타깝게도 그런 통계는 영원히 나오지 않겠지만 말이다.

한국에 대리인도 두지 않고, 수사에 제대로 협조하지 않는 텔레그램의 행태를 모르는 바 아니다. 실제로 수사기관이 텔레그램을 통한 범죄를 수사하는 데 어떤 한계를 겪는지도 잘 안다. 그렇지만 "수사가 어렵다."라는 그 말이 용기를 낸 피해자들에게 건네져야 할까? 정말 꼭, 지친 마음의 한 끝을 잡아 어렵게 국가의 도움을 구하러 온 피해자에게 선제적으로 해야 했던 말이었을까? 범죄 예방과 수사에 적극적이고 선제적일 순 없었나? 역시 무언가 매우 주객이 전도된 느낌이다. 설명과 안내를 명분삼아 했던 말들이 결국 피해자들을 경찰에게서 멀어지게 했다. 반대로, 가해자들에게는 '잡히지 않는 범죄'라는 학습을 시켰다.

피해를 입은 것은 피해자인데 왜 피해자가 증거를 찾아야 하는가? 증거를 모으고 수사를 이어가야 할 책임은 수사기관에 있

○ 세계일보, 「대검 '딥페이크 이용 성범죄 기소, 3년째 감소'… 선거법 위반 사례는 아직 없어」, 2024.08.26., https://www.segye.com/newsView/20240826514324

○○ 방송통신위원회 외 관계부처, 「딥페이크 성범죄 대응 강화 방안」, 2024.11., 관계부처 합동 보도자료, https://www.kcc.go.kr/download.do?fileSeq=59919

다. 그런데 유독 디지털 성범죄 앞에서는 피해자에게 요구하는 것이 참 많다. 피해를 입증하고, 캡처를 모으고, 링크를 정리해 오라고 한다. 그러면 피해자는 최대한 증거를 수집하고, 수사에 협조하며, 본래 국가가 맡았어야 할 무게까지 어깨에 짊어진다. 그리고 그 무게를 감당한 채 편견에 맞서야 한다. "진짜 찍힌 것도 아니잖아." "어차피 합성된 건데 괜찮지 않아?" "피해가 좀 과장된 것 아니야?" '가짜니까 괜찮다.'라는 무심한 편견은 피해자들의 존재 자체를 부정한다.

    2020년, 딥페이크 성범죄가 성폭력 처벌법으로 들어올 때만 하더라도 "실제 찍힌 것이 아닌", 즉 진짜가 아닌 것이기 때문에 범죄 성립이 까다로웠다. 법정형도 신체를 직접 촬영한 불법촬영에 비해 낮았다. 법률 역시 '진짜 피해'와 '가짜 피해'를 구분했던 것이다.

    하지만 피해는 같은 피해일 뿐이다. 수십, 수백, 수천 장의 영상물이 퍼지고, 기술은 날마다 정교해지고, 합성 여부조차 구분하기 어려운 수준까지 도달한 지금, 피해자는 가짜가 아닌 '진짜 피해'를 겪는다. 그 '가짜'가 진짜 얼굴을 덮고, 진짜 삶을 무너뜨린다. 그 고통을 직접 마주한 사람이라면, 이 범죄에서 '진짜'와 '가짜'를 나누는 일이 얼마나 무의미한지를 단 몇 초 만에 알 수 있다.

    2024년 여름을 보내고, 법은 드디어 '진짜 피해'에 한걸음 더 다가섰다. 이제는 반포의 목적이 없어도 편집·합성 행위 자체로 처벌할 수 있다. 불법촬영물과 마찬가지로 소지·구입·저장·시청한 행위도 모두 형사처벌의 대상이 된다. 법이 움직인 것이다.

물론 법이 모든 것을 해결해 주지는 않는다. 하지만 법률의 변화는 우리 사회가 피해자에게 보내는 최소한의 응답이자, 책임 있는 대답이기도 하다. 모든 것을 범죄로 만드는 것이 능사는 아니지만, 피해를 입었음에도 피해자로 불리지 못하는 시간이 길어져서야 되겠는가? 법이 변해도 미라가 한 경험들은 여전히 그 자리에 있다. 더는 미라 같은 사람이 법이 부여한 피해자의 자리 밖에서 외로이 머물지 않도록 법은 끊임없이 뛰어가야 한다. 피해자의 곁으로 더 가까이 다가가야 한다. 법은 먼 곳이 아닌, 우리가 살아가는 바로 이 현실에 존재해야 한다.

딥페이크 성범죄를 규정하는 법률

딥페이크 성범죄(허위영상물등편집죄)를 규정하고 있는 성폭력범죄의 처벌등에 관한 특례법 제14조의2(허위영상물 등의 반포등)

① 사람의 얼굴·신체 또는 음성을 대상으로 한 촬영물·영상물 또는 음성물(이하 이 조에서 "영상물등"이라 한다)을 영상물등의 대상자의 의사에 반하여 성적 욕망 또는 수치심을 유발할 수 있는 형태로 편집·합성 또는 가공(이하 이 조에서 "편집등"이라 한다)한 자는 7년 이하의 징역 또는 5천만원 이하의 벌금에 처한다.

② 제1항에 따른 편집물·합성물·가공물(이하 이 조에서 "편집물

등"이라 한다) 또는 복제물(복제물의 복제물을 포함한다. 이하 이 조에서 같다)을 반포등을 한 자 또는 제1항의 편집등을 할 당시에는 영상물등의 대상자의 의사에 반하지 아니한 경우에도 사후에 그 편집물등 또는 복제물을 영상물등의 대상자의 의사에 반하여 반포등을 한 자는 7년 이하의 징역 또는 5천만원 이하의 벌금에 처한다.

③ 영리를 목적으로 영상물등의 대상자의 의사에 반하여 정보통신망을 이용하여 제2항의 죄를 범한 자는 3년 이상의 유기징역에 처한다.

④ 제1항 또는 제2항의 편집물등 또는 복제물을 소지·구입·저장 또는 시청한 자는 3년 이하의 징역 또는 3천만원 이하의 벌금에 처한다.

⑤ 상습으로 제1항부터 제3항까지의 죄를 범한 때에는 그 죄에 정한 형의 2분의 1까지 가중한다.

거절을 생각하는 변호사

'아프다고 할까? 아니면 일이 많아서 시간이 없다고 할까? 뭐라고 거절하지?'

설아를 만나러 사무실로 향하는 발걸음이 무거웠다. 가을에서 겨울로 향하는 환절기였다. 아침저녁으로 차가운 공기가 느껴지는 시기가 나는 늘 힘들다. 기력이 없어지는 것 같다고 할까. 봄여름의 따뜻한 햇볕 아래서는 활기가 넘치는데, 잊고 있던 쌀쌀한 바람이 내 몸을 감싸면 힘이 빠졌다. 컨디션이 좋지 않은데 진행 중인 사건은 너무 많았다. 그래서 당분간은 새로운 사건을 받지 않기로 마음먹은 차였다.

설아에게서 온 이메일은 컴퓨터 화면을 빼곡히 채울 만큼 길었다. 이상하게도 나는 그 긴 글을 한 글자도 놓치지 않고 단숨에 읽었다. 이메일이었지만 자필로 꾹꾹 눌러쓴 편지처럼 느껴졌다. 결국 설아가 남긴 번호로 직접 전화를 걸었다. 나는 그 통화로 설아의 이야기를 들었다. 10년 이상 지속된 계부에 의한 친족 성폭력 피해, 얼마 남지 않은 공소 시효를 앞두고 최근 어렵게 경찰서를 찾았다는 그 이야기를.

설아는 이미 경찰서에서 첫 피해자 진술 조사를 마친 상황이었다. 아무런 준비를 못 한 채 무작정 혼자 찾아간 경찰서에서 오래된 피해를 꺼내기란 결코 쉬운 일이 아니었다. 설아도 자신의 피해를 정리하지 못한 상황이었다. 첫 진술 조사가 이루어지기 전 피해자를 지원해 주는 기관이나 조력인이 있었거나, 경찰과 사전 면담이라도 충분히 이루어졌더라면 좋았을 것이다. 하지만 설아는 이런 도움을 받지 못했다. 결과적으로 첫 진술 조사에서 기록된 피해는 10장밖에 되지 않았다. 10년이 넘는 기간 동안 수없이 당한 피해 사실이 달랑 10장의 진술 조서에 담긴다는 것은 불가능한 일이다. 마음의 준비 없이 이루어진 진술 조사에서 설아는 대부분의 질문에 제대로 답하지 못했다. 오랫동안 범죄에 노출되어 있었던지라 정확한 시기와 세부사항에 기억의 공백이 존재했다. 경찰 역시 설아를 그저 많은 민원인 중 하나로 여겼으므로, 피해 진술을 끌어낼 의지나 역량이 부족했다.

경찰서에서 나온 설아는 무언가 잘못되었다는 직감이 강하게 들었다. 그 과정에서 친족 성폭력에 관해 인터뷰했던 나를 떠올렸고, 이메일을 보내게 되었다.

첫 통화에서 나는 설아에게 현재 상황에서의 문제점과 앞으로 무엇을 해야 하는지 조언했다. 일단 '정보공개청구'°를 통해 경찰에서의 진술 조서를 확보하고, 피해 사실을 기억나는 대로, 가장 최근 피해부터 하나둘씩 역순으로 구체적으로 상기해서 메모해야 한다고 조언했다.

이런 이야기들은 사실 이메일로도 충분히 전할 수 있었다. 그런데도 설아에게 직접 전화를 건 이유가 무엇이었는지, 생각해 보면 글보다는 목소리로 위로해 주고 싶었던 듯하다. 앞으로 진행될 형사 절차를 정확히 짚어주고, 그 속에서 무엇을 준비해야 하는지도 알려주고 싶었다. 얼핏 설아를 위하는 것처럼 들릴 수도 있다. 하지만 사실은 나를 위해서였다. 나는 지쳐 있었고, 힘든 사건을 맡고 싶지 않았으며, 설아의 일이 조언만으로 잘 마무리되기를 마음 한편으로 바랐다.

통화는 결국 만남으로 이어졌다. 지방에서 살던 설아가 서울까지 오겠다고 했다. 무심코 약속은 잡았지만, 막상 당일이 되니 설아를 만나러 가는 길이 어렵게 느껴졌다. 늘 다니던 길인데도 그날따라 더 멀고 힘들었다. 처음 설아와 통화한 날보다 바람이 더 매

○   국민이 공공기관에 정보를 요청하는 권리. 공공기관은 이에 대해 보유하고 있는 정보 중 공개 가능한 범위를 열람·복사·출력 등으로 제공할 의무가 있다.

서워졌다. 친족 성폭력은 수많은 성폭력 사건 중에서 내가 가장 어려워하는 유형이었다. 게다가 직전에 마무리된 또 다른 사건의 결과가 나빴다. 내 상태, 시기적인 불안이 마음을 더 무겁게 짓눌렀다. 기력은 물론 자신감까지 바닥나 있던 나는, '부드럽고 친절한 거절'을 하자고 되뇌었다.

어떻게 말해야 덜 상처받게 거절할 수 있을까? 어느 시점에 말하는 게 좋을까? 나보다 훨씬 훌륭한 변호사들의 리스트를 정리해 건네주는 건 어떨까? 나는 꽤 치밀하게 거절을 계획했다. 그런 스스로가 한심했고, 우스웠고, 상황이 참 묘하게도 느껴졌다. 수임 거절을 계획하는 변호사라니….

"변호사님이 꼭 도와주셨으면 좋겠어요."

하지만 막상 설아를 마주했을 때는 그 다짐들이 무용해졌다. 설아는 눈을 반짝이며 지금까지의 상황을 담담하지만 조리 있게 설명했다. 또박또박 군더더기 없는 말투였다. 하지만 오랫동안 피해를 마주하는 연습을 하지 않아, 피해 사실을 떠올리는 것조차 버거워 보였다.

"생각해 보면 저도 저에게 일어난 일을 계속해서 외면하고 덮어뒀던 것 같아요."

설아는 가해자인 계부로부터 멀어지기 위해 숱한 노력을 했다. 하지만 이제는 회피만으로는 이 문제를 해결할 수 없다고 판단하게 되었다.

"제 나름대로 결정을 한 후에 변호사님을 만나러 온 거예요."

그 순간, 유치한 거절 계획이 무의미해졌다. 피해자가 오랫동안 시달린 폭력에서 벗어나기 위해 용기를 냈는데, 내가 도망칠 수는 없었다. 나는 일말의 망설임도 없었던 사람처럼 "그래요. 우리 잘해봅시다."라고 말했다.

●

"어제 점심 뭐 드셨어요?"
이 질문에 바로 답하는 사람이 몇이나 될까? 생각처럼 많지는 않다. 어제 일인데도 떠올리려면 시간이 필요하다. 매일 반복되는 일상이기 때문이다. 반면, 중요한 날, 일생일대의 특별한 경험을 하며 먹었던 음식은 시간이 지나도 또렷하다. 피해도 마찬가지다. 단 한 번 경험한 피해는 비교적 선명하게 기억되고, 비교적 진술도 쉽다. 그러나 매일 밥 먹듯이, 숨 쉬듯이 반복된 피해는 확연히 다른 양상을 보인다. 일상에서 반복되고 지속된 피해는 하나하나 떠올리는 것도, 입 밖으로 꺼내어 말하기도 어렵다. 간신히 언어화하더라도 조리 있게 정리되지 않는다. 피해자가 멍청해서도, 말하는 법을 몰라서도 아니다. 그저 그 피해가 너무 오래, 너무 깊게, 너무 일상적으로 스며들어서이다.

설아의 오랜 피해를 전부 끄집어낼 수는 없었다. 억울하지만 피해 사실을 조금이라도 입증할 수 있는 증거를 토대로 피해를 기억해야 했다. 가해자가 기소되기 위해서는 공소장에 기재되는 공소 사실이 특정되어야 한다. 피해자는 피해의 일시, 장소, 구체적 내용 등을 육하원칙에 부합하게 진술해야 하며, 이 진술에 부합하는 최소한의 증거가 있어야 가해자의 유죄를 입증할 수 있다. 그러려면 가장 최근의 피해, 가장 처음의 피해를 떠올려야 했다. 피해 날짜와 장소도 특정해야 했다. 단단히 마음먹고 시작한 설아도 처음에는 기억 떠올리기를 거부했다. 당연하다. 그동안 자신의 피해를 정면으로 바라본 적이 없었으니 말이다.

    나는 설아를 열흘 동안 매일 내 사무실로 출근하게 했다. 설아가 가지고 있는 일기장, 문자 메시지, 편지 등 모든 것을 가지고 오라고 했다. 그 열흘 동안 나는 설아가 자신을 지키기 위해 묻어두었던 상자들을 한 겹씩 뜯어내야 했다. 그 과정은 거칠고 어찌 보면 잔인했다. 무너질까 봐 차마 꺼내지 않았던 기억들을 꺼내면서 설아는 조금씩 부너졌고, 나는 무서워졌다.

    "그날이 친구들이랑 여행을 갔던 날이었다고 했잖아요. 그때의 결제 내역이나, 친구와 나눈 대화 내역을 찾아보면 날짜가 나올 것 같아요. 자, 빨리 찾아봅시다!"

    이렇게 하지 않으면 기억에 다가서기를 거부하는 설아의 피해를 나 역시 마주할 수 없었다. 처음에는 단 하나도 제대로 꺼내지 못했다. 하지만 하루하루 지날수록 설아는 기억 너머의 피해를 끄집어내기 시작했다. 나는 기억이 하나씩 모일 때마다 그 파편의 흔적을 찾았다. 설아의 일기장, 메모, 편지, 친구와의 대화 내역, 신용카드 결제 내역 등으로 흩어져 있던 조각을 맞추어 갔다. 설아가 피해에서 벗어나기 위해 수년간 노력했던 기록도 모조리 확보했다. 상담센터 방문 내역, 여행 기록, 탑승 내역 등 찾을 수 있는 모든 것을 찾았다. 하루에 하나만 가능했던 것이 다음 날은 세 개, 그다음 날은 다섯 개가 되면서 설아의 피해 사실은 점점 더 구체적으로 모습을 드러냈다. 그렇게 특정한 구체적 피해 사실만 12개였다. 피해 장소, 날짜, 방법 등 공소장에 적히기에 충분해도 너무 충분했다.

물론 10년이 넘는 시간 동안 12개의 피해 사실만 존재하는 것은 아니었다. 실제로는 수십 배는 더 되었지만, 형사 절차 속에서 작동 가능한 피해는 '고작' 12개였다. 일부 피해는 이미 공소 시효가 만료되어, 고소하더라도 제외될 것이 분명했다. 그것들을 다 제외한 수치였다.

이후 나는 지방의 한 경찰서에 있던 설아의 사건을 서울로 끌어왔다. 설아는 가해자인 계부에게서 도망쳐 한동안 지방에 머물렀고, 그 지역의 경찰서에서 고소장을 접수했다. 그곳에서 피해자 진술 조사가 진행되었다. 하지만 그 경찰서는 설아와 맞지 않았다. 나는 실제 범죄가 발생한 장소, 설아가 거주하던 시기의 범행 장소를 관할하는 서울 소재 경찰서로 사건 이송을 요청했고, 다행히 이송이 받아들여졌다.

잔인하게 설아의 머릿속을 헤집어 찾아낸 피해 사실을 구체적으로 정리하고, 이를 뒷받침하는 증거까지 모두 취합한 의견서를 먼저 제출했다. 설아와 함께 찾았던 자료들도 모두 증거로 만들어 제출했다. 그다음엔 설아와 함께 경찰서로 가 추가 진술 조사를 받았다. 피해를 정리하는 과정에서 설아의 기억은 살아났고, 경찰에서의 진술도 첫 조사 때와는 비교도 안 될 정도로 또렷하게 해냈다. 처음에는 달랑 10장이던 진술 조서가, 추가 진술 조사에서는 70장이 넘어갔다. 조사 시간이 짧지도 않았다. 오전과 오후에 걸쳐 내리 진행되었다. 설아는 담담했지만 말은 또렷했다. 무감각해서 담담했던 것이 아니라, 오랜 고통을 자기가 온전히 견뎌왔기에 차분할 수 있었다. 설아의 목소리로 피해 사실이 구체화될 때마다 속이 쓰렸다. 조사를 하던 경찰마저 도중에 눈물을 훔칠 정도였다.

사건은 비교적 순조롭게 진행되어, 검찰로 송치되었다. 경찰이 수사를 끝내고 사건을 검찰로 넘겼다는 뜻이다. 이후에는 검찰이 기소 여부를 판단하고, 필요하면 직접 추가 조사하거나 경찰에 보완 수사를 지휘한다. 설아는 검찰청에 가서 추가 조사를 받았다. 검찰청은 경찰서와는 달리 피해자에 대한 배려가 부족한 곳이다. 검사실은 보통 넓은 큰 방에 검사, 수사관 등이 옹기종기 모여 있다. 가끔 면담실이 별도로 마련된 경우도 있지만, 경찰에 비하면 모든 것이 개방된 구조이다. 대부분은 검사실에 있는 사람들이 다 들리게 피해자 진술 조사를 받아야 한다. 가끔 쥐 죽은 듯이 조용한 검찰청에 가면 검사실에서의 조사가 복도까지 다 들릴 정도이다. 경찰서에서는 더 이상 찾아보기 힘든 피해자 조사 방식인데, 검찰에서는 여전히 이런 방식으로 조사를 진행한다. 수사관이 먼저 조사를 한 후, 창가 쪽에 앉은 검사가 마무리 조사를 하고 끝난다. 그러다 보니 피해자들에게는 검찰 조사가 생각보다 더 힘들다.

설아는 이 모든 상황을 받아들이고 최선을 다해 진술했다. 검찰청 업무가 시작되는 9시 무렵에 시작된 조사가 거의 마무리될 때쯤이었다. 오전 11시경이었는데, 갑자기 검사가 점심을 먹고 오후에 다시 조사를 하자고 했다. 검사에게 점심 약속이 있는 듯 보였다. 이미 구체적 사실 관계 조사는 경찰에서 끝이 났고, 검찰에서는 일부 사실만 추가적으로 조사하는 수준이었다. 당초 검사도 2시간이 안 걸릴 조사라고 했을 정도였다. 30분만 더 하면 충분히 끝날 것으로 보였다.

검찰 조사가 끝나면 수사 단계는 마무리된다. 설아와 홀가분하게 맛있는 점심을 먹을 계획이었던 나는 검사의 태도에 기분이 확 나빠졌다. 물론 이 검사가 이전에 좋은 모습을 보였거나, 아주 정중하게 먼저 양해를 구했다면 불쾌하진 않았을 것이다. 사실 담당 검사를 향한 나의 불편감은 설아의 검찰 조사 전부터 이어지고 있었다. 검사는 나와 면담을 할 때도 설아를 "얘" "쟤"라고 지칭했다. 피해자를 전혀 존중하지 않는 태도로, 한순간 설아를 대상이자 사물로 전락시키는 것이었다. 말투 하나를 보면 존중의 척도가 보인다. 내가 참지 못하고 "그런 말은 속으로나 하세요. 주의해 주세요."라고 대놓고 직언을 했을 정도였다. 나는 검사의 조사 중단 요청을 거부했다. 점심시간을 넘기더라도 오전 중으로 조사를 마치고 싶다는 의견을 강하게 표했다. 검사와 변호사 간의 미묘한 기류를 감지한 수사관은, 자신은 조사를 계속 이어가도 괜찮다고 내 편을 들어 주었다. 나를 잠재적 진상 민원인으로 감지한 검사 또한 결국 내 요청을 받아들였다.

결과적으로 가해자는 기소되었다. 당연히 유죄가 선고되었다. 설아의 주장, 주장을 뒷받침하는 무수한 증거 앞에서 피고인이 할 수 있는 건 없었다. 검사의 구형보다 2년 더 높은 형이 선고되었다. 불구속 상태로 재판을 받아 자유를 누렸던 피고인은, 판결 선고와 함께 법정 구속되었다. 법정 구속은 말 그대로 재판정에서 구속하는 것을 뜻하는데, 판결 선고를 받으러 법정에 왔다가 곧바로 구치소에 수감되는 것을 말한다.

가해자의 유죄 판결은 모두 확정되었고, 설아는 사법적으로도 피해자임을 인정받게 되었다. 하지만 모든 절차가 끝난 뒤에도 설아와 나는 그 결과에 온전히 만족할 수 없었다. 10년이 넘는 시간 동안 설아가 일상처럼 겪은 수많은 피해 중, 오직 12건만이 법정에서 인정되었기 때문이다. 어찌 보면 현실이었다. 단 한 번의 피해에서 그치지 않는, 반복되고 누적된 친족 성폭력 피해의 현실이었다. 너무 어릴 때는 그것이 피해인지조차 인식하지 못한 채 시간이 흐른다. 피해를 알아차려도 도움을 구하기까지 또 한참의 시간이 걸린다. 가해자를 경찰에 신고하고 형사 절차로 이어지는 데 또 한참의 시간이 흐른다. 이 시간만큼 범죄의 공소 시효는 진행되고, 끝내 가해자가 처벌되지 않는 경우도 많다. 아무 일도 없었던 일이 되어버리는 것이다.○

●

　공소 시효. 범죄를 저질렀더라도 법률에 정해진 일정 기간이 지나면, 국가가 가해자를 처벌할 수 없게 되는 제도이다. 이 제도가 과연 친족 성폭력 범죄에 필요한 것일까? 공소 시효의 도입 취지는 명확하다. 국가 형벌권이 완전하지 않다는 전제 아래, 효율적 수사와 장기적 불안정성 해소를 도모한다는 것. 하지만 현실에서 이 제도가 의미하는 바는 단순하다. 일정 시간이 지나면 가해자는 국가로부터 '처벌 면제'라는 면죄부를 얻는다는 것이다. 헌법재판소 역시 공소 시효의 존재 이유를 "시간의 경과로 범죄에 대한 사회적 관심이 약화되고, 피고인이 장기간 도피 생활을 하며 겪는 정신적 고통, 증거의 산일로 인해 공정한 재판이 어려워지는 점 등을 고려하여, 형벌권의 적정한 행사를 위한 제도"(헌법재판소 1995. 7. 21. 선고 95헌마8 결정 참조)라고 설명한 바 있다.

　친족 성폭력 범죄는 최악질이다. 피해자가 인생의 선택권을 갖기도 전에 그 가능성을 송두리째 앗아간다. 피해자는 어떤 잘못

○　2021년 한국성폭력상담소의 전체 친족 성폭력 상담 건수 중 공소 시효가 도과된 건은 57.9퍼센트에 달하고, 피해 상담을 받기까지 17년 이상 소요된 비율은 상담자의 24.79퍼센트에 달한다는 통계도 있다(2021 한국성폭력상담소 상담통계, https://www.sisters.or.kr/consult/stat/6214. 친족 성폭력 공소 시효폐지를 위한 토론회, 2024년, https://www.sisters.or.kr/activity/total/7376).

도 없이 가족과 단절되고, 모든 관계와 삶의 기반이 사라진 채 수십 년을 고통과 침묵 속에서 살아간다.

그런 범죄에 공소 시효가 있다니. 도무지 납득할 수 없다. 적어도 친족 성폭력 범죄에는 공소 시효가 존재하면 안 된다. 가해자에게 일말의 면죄부도 주면 안 된다. 그들이 자신이 저지른 죄와 함께 평생을 살게 해야 한다. 언제든 처벌받을 수 있다는 불안감 속에서 말이다. 그것이 최소한 인간으로서 감내해야 할 몫이기 때문이다.

●

"변호사님, 사건 다 끝나고 다시 취직하면 제가 한우 살게요."

수사와 재판 과정에서도 자신의 삶을 꾸준히 버텨낸 설아는 결국 이 약속을 지켰다. 사건이 마무리된 후, 나는 설아가 사준 고기를 맛있게 먹었다. 그것이 설아의 변호사로서 나에게 주어진 마지막 일이었다.

"우리, 좋은 인연이었어요."

처음 설아를 만났을 때, 그토록 치밀하게 거절을 계획했음에도 나는 설아의 의뢰를 받았다. 내가 꼭 해야 하는 사건이라는 확신이 들었던 이유가 무엇인지는 여전히 찾지 못했다. 가끔은 완벽하게 설명되지 않는 비논리적 관계도 있다. 설명되지는 않지만 좋은 인연이었다. 변호사와 의뢰인 사이에도 그런 인연은 존재한다.

참고 판례

- 대법원 2025. 5. 1. 선고 2021도11938 판결

친족관계에 의한 성폭력범죄의 경우 친족관계 자체에 의하여 가해자와 피해자 사이에 내재하는 신분상·정서상의 우열관계, 친족간의 부양이나 보호 또는 피보호의 관계에서 나오는 상호 신뢰성·의존성과 경제적 예속의 특성, 가부장적 사회 분위기 속에서 가족구성원 간 원만한 관계나 가족공동체 유지라는 가치를 우선시하고 그 결과 구성원 개인의 자유의지에 대한 억압적 기제가 작동하는 현실, 근친상간에 대한 금기 등 사회의 부정적 인식이 주는 낙인효과와 위축감 등으로 인하여, 성범죄 피해자로서는 그 피해사실을 쉽게 드러내지 못하는 경우가 많다. 이러한 배경에서 친족관계에 의한 성폭력범죄의 피해자는 가해자의 성폭력범죄를 가능하게 하였던 가족공동체 내의 구조적 폭력 상태에 묵인·순응한 채 다른 사람에게 도움을 요청하는 등으로 피해에서 벗어나지 못하게 되고, 그러한 성적 침해행위가 가해자의 우월한 영향 아래에서 장기간 고착화되어 은밀하게 반복·계속되기도 하므로, 이와 같은 사정을 충분히 고려하여야 한다.

2부
존재를 증명하는 말들

침묵을 깬 피해자들은
다시 한번 '입증'을 요구받는다.
진술의 신빙성과 감정의 진위를
끊임없이 검증당하는 법의 구조 속에서,
그들이 마주한 또 다른 폭력.

그때도 틀렸고 지금도 틀렸다

1964년, 19살이었던 최말자는 밤길을 걷고 있었다. 아무도 없는 도로 위에서 한 남성이 다가오더니, 그를 밀쳐 넘어뜨린 후 강제로 키스를 시도했다. 최말자는 본능적으로 저항했다. 그 과정에서 남성의 혀를 깨물었다. 혀의 일부 1.5cm가 절단되었다.

본건 상해 행위가 비록 강제 키스로부터 처녀의 순결성을 방위하기 위하여 한 것이라 하더라도, 혀를 끊어버림으로써 침해자를 일생 말 못하는 불구의 몸이 되게 하는 것과 같은 방위 행위는 일반적, 객관적으로 볼 때 법이 허용하는 상당한 방위의 정도를 지나친 것이라 할 것이며, 아울러 이러한 피고인의 지나친 행위가 야

간에 흥분 또는 당황으로 인하여 이루어진 것이라고는 보기 어려운 것이다. 따라서 이와 같은 방위 행위는 죄가 성립되지 않는 정당방위나 또는 형법 제21조 제3항의 벌하지 않는 행위의 범주 속에는 포함시킬 수 없는 것…

위 글은 피고인이었던 최말자에게 중상해죄 유죄 선고를 내렸던 판결문의 일부이다. 이 판결문은 형법 교과서의 정당방위 부분에 항상 등장하는 '주요 판결례'이다. 쉽게 말해 법 해석이나 적용에 있어 중요한 기준이 되는 판결 사례이다. 법학 공부를 한 사람이라면 누구나 다 알 만큼 유명한 판결이기도 하다.

이 판결의 핵심이자 결론은 이것이다. "강간을 당할지도 모른다는 두려운 상황에서 강제로 키스하는 남성의 혀를 깨무는 행위는 정당방위로 볼 수 없는 위법한 행위이자, 처벌되는 행위"이다. 강간 피해의 위기 속에서 할 수 있었던 유일한 방어 행위로 인해, 최말자는 중상해 범죄자로 낙인 찍혀 살아가게 되었다.

19살의 소녀는 70대를 넘어 80대를 바라보는 노년을 맞이하게 되었다. 무려 56년이 지난 어느 날, 19살 그때의 최말자가 다시 세상으로 나왔다. 그리고 잘못된 판결에 의문을 제기했다. 범죄자로 낙인찍혀 살아왔던 56년의 삶에 충분한 보상이 될 수는 없겠지만, 무너진 한 개인의 삶, 회복을 넘어 잘못된 사법적 판단을 바로잡고자 하는 의지에서 비롯된 당연한 문제 제기였다.

나는 항상 판결문을 보면 법리나 결론보다는 판결문이라는 무거운 옷 속에 이름이 지워진 이들의 삶이 궁금했다. 원고, 피고, 피고인이라는 사법부가 부여한 명명으로 판결문에 남게 된 개인의 삶에 나 하나 정도는 관심 가져도 괜찮다는 자기합리화를 더했다. 그런 이유에서 판결 속 피고인이었던 최말자의 등장은 형법 교과서를 펼친 대학생 시절의 나를 떠올리게 했다. "기가 막히게 충격적인 판결"이니 꼭 암기하라며 무심하게 건넨 교수의 말도 함께.

●

나는 한국여성의전화에서 젠더폭력 피해자들을 위한 법률 지원과 자문을 한다. 코로나 팬데믹으로 사회적 교류가 차단되었던 어느 날, 온라인 회의를 통해 최말자의 재심 청구 요지와 법률적 쟁점에 관한 이야기를 전해 들었다. 그렇게 나는 오랫동안 알고 있던 판결 속 주인공 최말자를 진짜로 만나게 되었고, 그의 재심 청구에 조금이나마 힘을 보탤 수 있었다. 최말자의 등장이 나도 모르던 사이, 내가 기다려온 순간인 듯 느껴졌다. "그런 일이 있었지." 하고 가십거리로 금방 휘발되는 세상에서 "이거지!" 하는 강렬함이 일었다.

과거 이 사건은 최말자의 관점이 아닌 '피해자' 남성의 시각에서 쓰였다. "혈기 왕성한 젊은 남성의 당연한 호감, 구애 행위가 무엇이 문제인가?" 키스 한번 하려다가 혀가 잘려 벙어리가 된 남성의 억울하고 슬픈 사연이 당시 이 사건의 주요 서사였다. 사건을 보도한 언론사들의 기사 제목을 보면 당시 사건을 어떻게 바라보고, 서사를 만드는지 알 수 있다. "키스 한 번에 벙어리" "혀 자른 키스". 이미 결론을 정해버린 것이다.

강간 피해를 피하려다 일어난 사건의 핵심은, 이 남성에게 강간미수죄의 죄책을 지게 할 수 있는지 여부여야 했다. 그런데 남성의 강간미수 혐의는 검찰 수사 단계에서 날아가 버렸다. 검찰이 기소조차 하지 않았으니 사법적 판단 대상 자체가 되지 않았다. 따라서 사법적으로는 혀가 잘린 억울하고 불쌍한 젊은 남성으로 철저하게 미화되었고, 가해자는 명료하게 최말자가 되었다. 최말자가 애초에 오해를 살 만한 행동을 한 것이 아닌가? 최말자에게도 책임이 있는 것 아닌가? 키스 좀 했다고 혀를 절단시킨 행동이 과연 용서 받을 수 있는가? 모든 질문들, 의문들, 비난들이 피고인 최말자를 향했다.

경찰과 검찰의 수사에 카랑카랑하게 자신을 대변하던 최말자에게는 괘씸죄도 더해진 것으로 보인다. 도망갈 우려와 증거 인멸의 가능성을 대체 무엇을 두고 판단했는지 모르겠으나, 최말자는 구속된 상태로 재판을 받았다. 수사와 재판의 이면은 더 가관이었다. 경찰, 검찰, 법관, 심지어 최말자의 변호인까지 이 처녀 총각의 결혼을 간절히 바랐다. 최말자 변호인의 최후 변론 내용이 "책임지고 이 두 사람을 중매시키겠다."였다.○ 더 이상 무슨 설명이 필요할까? 수사와 재판 과정 전체가 국가형벌권의 엄정한 집행 과정이 아닌 개인의 인격을 말살하는 과정이었다. 사회적으로도 사법적으로도 최말자의 최후는 이미 정해져 있었다. 최말자는 결국 남성의 혀를 절단시킨 중상해죄가 확정되어 징역 10월, 집행유예 2년의 형에 처해졌다.

19살의 최말자는 혼란스럽고 외로웠을 것이다. 정의와 인권 옹호의 마지막 보루라고 배워왔던 법원의 재판 과정과 그 결론인 판결을 도저히 받아들일 수 없었을 것이다. 심지어 이 개인사는 반세기가 지난 지금까지도 형법 교과서에 박제되어 있다. 최말자의 모든 억울함이 철저하게 소거된 채로. '혀 절단 사건'으로 불리는 최말자의 이야기는, 형사법적 가치와 정당방위의 중요한 판결례로 포장되었다. 감정이 배제된 채 무덤덤한 모습으로 형법 교과서나 중요한 법학 서적의 한 공간을 차지해 왔다. 형법을 공부한 수많은 학생과 수험생, 그리고 일반 국민에게 "강간을 피하기 위해서라도 가해 남성의 혀를 깨물어 혀가 절단되면 위법 행위다."라는 이 사건의 메시지와 함께 말이다.

야심차게 시작한 최말자의 재심 청구는 2021년 9월 부산고등법원에서 허탈하게 기각되었다. 확정된 사법적 판결을 뒤집는

○ "노○○과 청구인이 이 사건으로 인하여 더 이상 다른 사람과 혼인하기는 어려운 일이므로, 변호인이 팔 걷고 나서 양쪽 부모들로 하여금 한 번 더 마음을 돌리게 해서 둘 사이를 혼인 중매에 나서겠다는 내용으로 최종 의견 진술을 하였으며, 방청객들은 이러한 변호인의 변론에 격찬"을 한 것으로 보도되었다(1964. 10. 22.자 『부산일보』 보도).

재심 청구는 법적 안정성을 고려할 때 당연히 쉽게 허용되지 않는다. 모든 확정 판결에 재심을 쉽게 인정한다면 소송은 끝이 없을 것이고, 사법은 물론 사회도 불안정해지기 때문에 재심 사유를 까다롭게 규정한다. 유죄를 뒤집을 정도, 또는 확정된 유죄보다 경미한 죄가 인정될 정도의 아주 새롭고 명확한 증거가 나중에 발견되거나, 불법 체포와 감금 등과 같은 수사 과정의 위법성이 드러났을 경우 등 형사소송법상 재심 청구의 사유는 매우 제한적이다. 이러한 재심 사유에 관한 법률 규정과 일반적인 법리에 따라, 재심 청구 사유가 존재하지 않는다는 것이 법원이 내린 결론이었다.

정당방위 여부와 검사의 불법 체포, 감금 등에 관한 최말자의 주장을 기각하는 것을 차치하고도, 과거 재판 과정에는 분명 문제가 있었다. 재판에서 키스 당하는 모습을 재연하게 하는 검증 방법이나 내용, 법관의 언행 모두 최말자를 조금도 존중하지 않았다. 지금의 관점에서 보면 매우 부적절하고 반인격적이다. 하지만 2021년 부산지방법원은 재심 청구를 기각했다. "사회문화적 환경이 달라졌다고 하여 사건을 뒤집을 수 없다."는 것이 이유였다. 재심 기각 결정을 심리한 부산고등법원에서도 같은 결론을 내렸다. 여성의 정조와 순결이 중요시되던 당시 사회문화 구조상 그럴 수 있었다는 뜻이다. 한마디로, 지금의 잣대로 과거를 판단해서는 안 된다는 것이다. 다만 판결 말미에는 청구인 최말자의 용기와 성평등에 대한 외침에 의미를 부여하기도 했다. 법원의 이례적 위로에도 최말자는 위로받지 못했다. 중요한 사실은 56년 만에 이루어진 최말자의 재심 청구가 기각 당했다는 것이지, 법원의 위로 따위에 있는 것이 아니기 때문이다.

　최말자는 여기서 멈추지 않았다. 부산고등법원의 재심 기각 결정에 마지막 수단을 취했다. 대법원에 재항고한 것이다. 재항고를 법원이 받아들이면 원래 결정이 취소되거나 변경되고, 기각되면 기존의 결정이 유지된다. 최말자가 준항고한 지 3년 10개월이 지나, 2024년 12월 대법원은 파기 환송의 결론을 내렸다. 최말자의 재심 청구를 기각한 원심 결정이 잘못되었으므로 다시 판단하라며 부산고등법원으로 돌려보낸 것이다. 대법원은 최말자가 과거 불법적으로 구금된 상태에서 조사받았을 가능성이 매우 크다고 판단했다. 2025년 2월, 부산고등법원은 재심기각 결정을 취소하고, 마침내 재심 개시를 결정했다. 최말자의 재심은 60년 만에 시작되었다.

●

　"지금도 틀렸지만, 그때도 틀렸다."
　여든을 바라보는 최말자가 재심 청구 당시 인터뷰에서 한 말이다. 현재의 가치와 기준에서 과거를 판단해서는 안 된다는 비판에 정면으로 맞선 것이기도 하다. 그가 던진 유의미한 말들 가운데 나는 저 말이 가장 마음에 든다. 20살에 최말자라는 이름을 형법 교과서에서 만났을 때 느꼈던 풀리지 않던 감정들을 당사자인 최말자가 대신 설명해 주는 기분이었다.

지금 틀린 것이라면 그때도 틀린 것이다. 여성의 신체 안전과 권리보다 정조와 순결이 우선되는 과거가 정말 괜찮았을까? 물론 현재의 잣대로 모든 과거를 평가할 수는 없다. 그렇다고 반세기 전에 일어난 일을 정당하다고 평가하는 게 옳은가? 그렇게 한 인간을 대해도 괜찮을까? 피의자든 피고인이든, 여성이든 남성이든, 어린아이이든 어른이든, 인간에 관한 배려는 당연하다. 스스로를 인권의 옹호자라고 부르는 검찰과 법관의 양심, 법률만이 지배하는 법원에서는 어느 곳보다 이 가치가 더욱 강조되어야 한다. 최말자 사건이 우리에게 남기는 교훈은 지극히 현실적이다. 누구나 법 앞에 평등하다고 가르치지만 현실은 그렇지 못하다. 누구나 법 앞에 평등하다는 말이 존재한다는 것 자체가 지독하게 불평등한 현실을 반영한 말이다. 또는 법 앞에 나도 평등할 수 있다고 착각하게 하고, 분명 그럴 거라고 위안하기 위해 존재하는 말일 뿐이다.

중요한 판결은 단순히 한 사건의 결론 이상의 의미를 남긴다. 법 해석의 기준이 되고, 법학과 실무 교육에 인용된다. 법률이 모호하거나 해석의 여지가 많을 때, 사법부는 판결문으로 법률의 의미를 해석한다. 판결이라는 행위는 당사자에 대한 판단이라는 행위를 넘어서서, 사회적 메시지가 된다. 법원은 판결로 말한다. 우리는 그 판결로 정의의 방향을 가늠하고, 권력의 온도를 측정한다. 이미 존재하는 법률로 과거에 발생한 사건의 사실 관계를 확정하고 그에 따라 판단하는 법원은 앞서가는 기관은 아님이 확실하다. 아니,

태생적으로 앞서갈 수도, 앞서가서도 안 되는 곳이다. 사법부는 판결을 함으로써 본연의 임무를 수행한다. 판결문은 사법부의 최종적인 견해이자, 사건 당사자들이 벌였던 또는 연루되었던 모든 일의 결론이다. 그런데 가끔은 이 판결문이 사회에 던지는 메시지가 되기도 한다.

"성폭력을 당하는 순간에도 결코 가해자의 혀를 깨물어서는 안 돼!"

1965년, 19살 최말자에 대한 법원의 판결이다. 어쩌면 우리는 이 메시지에 반세기 이상 종속되어 있었을지도 모른다. 가끔 이 판결과 다른 결론으로 종결되는 사건들도 있었지만, 19살 최말자의 '혀 절단 사건'을 뒤집기에는 역부족이었다. 성폭행을 당할지도 모르는 절체절명의 순간, 그 부당하고 위험한 상황에서도 혀를 깨무는 행동은 정당화될 수 없는 중범죄라는 결론. 그 시절 형법을 공부하는 학생들과 법조계에서는 말 그대로 확정된 결론이었으며 깨기 어려운 성벽이었다. 의견이 다르더라도, 시험에서는 최말자의 상황은 정당방위가 성립하지 않는다는 것이 의심의 여지없는 정답이었다. 이견이 있다면 그건 각자 알아서 처리할 문제로 취급되었다.

판결은 현실의 사건이 법률과 법리를 만나며 만들어진다. 법 조항이나 이론(법리)을 실제 사건에 적용해서, 구체적인 결과로 보여주는 것이다. 대한민국 헌법 제103조에 따라 "법관은 헌법과 법률에 의하여 그 양심에 따라 독립하여 심판"하며, 심판의 결과는 판결문으로 탄생한다. 판결문을 단순한 문서나 종잇조각으로만 치부하기에는 우리의 삶, 사회 전반에 미치는 영향이 막대하다. 사회의 다양한 구성원들은 법률과 법리보다는 한 사건에 대한 법원의 결론, 그래서 유죄인가 무죄인가에 더 관심을 보일 수밖에 없다. 모두가 법률 전문가가 아니니 당연하다.

열아홉 소녀 최말자의 이야기는 아직 끝나지 않았다. 최말자의 재심은 단지 과거의 오류를 바로잡는 절차가 아니다. 그것은 우리가 어떤 정의를 기억하고, 누구의 이야기를 기록할지의 선택이다. 결론으로 향하는 법리의 과정이 중요하지 않다는 뜻은 아니다. 하지만 판결문은 지나간 사건의 종결이 아니라, 지금 이 사회가 어떤 목소리에 귀를 기울이고 있는지는 보여주는 거울이다. 나는 법이 말하는 정의와 우리가 살아가는 정의가 조금 더 가까워지기를 바란다.

최말자의 재항고에 대한 대법원의 결정
— 대법원 2024. 12. 18. 선고 2021모2650 결정

당시의 권위주의적 통치나 공권력 아래에서 수사, 기소, 재판에 이르기까지 형사사법절차 전반에서 형사소송법이 정한 적법절차의 원칙이 엄격하게 준수되지 못하고 있던 관행이나 분위기, 19세의 미성년자이자 소년임에도 장기간 구속된 상태에서 수사와

재판을 받으면서 상당히 위축될 수밖에 없었던 재항고인의 처지, 여성에 대한 차별적 인식과 가치관이 팽배하였던 가부장적 제도의 시대에서 벌어졌던 이 사건 재항고인의 행위에 대하여 '청년을 불구자로 만들었다'는 사회의 비난 여론이 비등하였던 당시 상황 등을 고려하여 볼 때, '당시 재판 과정에서 수사기관의 불법행위를 정면으로 주장하지 않은 재항고인의 태도'에 대하여 현재의 잣대를 들이대어 이례적인 일로 치부하거나 부각하여 재항고인의 불법 구금 등에 관한 피해 진술이 신빙성 없다고 볼 사정으로 삼을 수는 없다.

변호사도 가끔은 피해자가 된다

"피고인은 무죄"

2011년 겨울, 재판장의 짧은 한마디가 그동안 쌓였던 피로와 짜증을 단숨에 날려버렸다. 여느 변호사가 그렇듯, 변호사가 되어 첫 번째로 받아보는 무죄 판결은 매우 각별하다. 마치 내가 피고인이 되어 무죄 판결을 받은 것 같은 고양된 기분이 들 정도이다. 피고인의 억울한 상황을 치밀하게 설득했거나, 사건 자체의 난이도가 높았거나, 머리에 쥐가 날 정도로 진행된 각종 증거 조사의 험난한 과정을 거치며 얻어낸 무죄 판결일수록 의미가 더욱 값지다. 저연차 변호사 시절, 사법연수원 동기들과 모이면 빠지지 않고 등장하는 이야기 중 하나도 첫 무죄 판결에 대한 드라마 같은 활약담이었다. 지금 와 생각해 보면 그렇게 대단한 점은 없지만, 당시에는 우리 사이에서 몰입감 최고의 이야기 중 하나였다.

나 역시 변호사로서 처음 받아본 무죄 판결은 짜릿했다. 사법적으로도 진짜 변호사로 인정받은 것 같았고, 앞으로도 무죄 판결을 척척 받을 수 있을 것 같다는 근거 없는 자신감이 솟구쳤다. 그런데 이 감정은 결코 오래 가지 않았다. 처참하게 무너졌다고 하는 편이 더 맞을 것이다. 어떤 변호사가 되겠다거나, 어떤 사건을 맡는 것이 나에게 적합한지도 잘 몰랐던 시기에 나는 그 사건을 통해 어렴풋이 방향을 정했다. 대단히 특별하지 않은 사기 사건으로, 나는 피의자나 피고인보다 피해자에게 마음을 기울이게 되었다.

그 사건의 피고인은 작은 사업장을 운영하는 사람이었다. 검찰의 공소 사실 요지는, 피고인은 애초에 대금을 지급할 능력과 의사가 없는 상태에서 거래처에 원자재를 납품받았다는 것이었다. 사기죄가 성립하려면 상대방을 속여 금전이나 금전적 이익을 편취해야 한다. 한마디로, 돈을 갚을 의사나 능력이 없으면서 상대방을 속여 돈이나 그에 상당한 이익을 받았을 경우 성립하는 범죄이다. 보이스피싱이나 각종 피싱 범죄처럼 누가 봐도 명확한 사기 범죄와 달리, 거래나 사업, 금전 대차 과정에서 발생하는 사기는 항상 경계가 애매하다. 법률적 평가에 따라 결과가 달라질 수 있기 때문이다. 같은 사실 관계도 법적으로 어떻게 해석되고 평가받느냐에 따라 유무죄가 갈릴 확률이 매우 높다.

피고인의 변호인 입장에서는, 피고인이 상대방을 속일 의사를 가지고 돈을 받은 것이 아니라는 사실과 원자재를 납품받을 당시에는 변제할 능력이 있었다는 사실을 증거로 드러내야 한다. 어떻게 보면 쉬워 보이지만 실제로는 어렵고 복잡한 일이다.

"저 사람은 애초에 갚을 돈도 없으면서 나를 속여 돈을 가져갔어요! 그때 거래 내역이나 통장 잔고를 보니 마이너스였다고요."

"아닙니다. 그때는 어느 정도 갚을 능력이 있었어요. 당연히 갚을 의사도 있었어요. 속인 게 절대 아니에요. 사업을 하다가 갑자기 상황이 안 좋아졌을 뿐입니다."

사기가 분명하다는 피해자와 전혀 그렇지 않다는 피고인. 서로의 주장이 상반되었다. 결국 결론을 가르는 것은 거래 당시 피고인의 재산 상태, 돈의 흐름, 피고인의 말과 행동 등이었다. 이를 바탕으로 피고인에게 정말 편취 의사가 있었는지, 사실 관계를 어떻게 확정하느냐가 핵심이다. 검찰과 피고인의 변호인은 이 모든 사실 관계를 자신에게 유리한 방식으로 엮어내며 싸운다. 관련 자료를 누가 얼마나 더 많이, 더 적절하게 증거로 제출하느냐에 따라 유죄와 무죄가 갈린다. 이런 싸움에서는 사람들이 법에 막연히 기대하는 '대단한 정의'나 '엄청난 실체적 진실'이 작용한다는 느낌은 솔직히 잘 들지 않는다.

로펌에 갓 입사한 고용 변호사에게는 사건을 선택할 권한이 없다. 수임을 결정하는 것은 대표나 파트너 변호사뿐, 나는 그저 회사가 주면 주는 대로, 시키면 시키는 대로 사건을 맡았다. 싫다고 피할 수 없고, 좋다고 고를 수도 없는 구조였다. 이 사건은 로펌에 입사하자마자 맡게 된 여러 형사 피고인 사건 중 하나였다. 게다가 수임료도 통상 수준보다 낮게 책정되어 있었다. 업무 시작의 대가로 지급되어야 하는 착수 보수 역시 전액이 아닌 일부만 지급된 상태였다. 의뢰인의 강력한 요청을 회사가 예외적으로 받아들였다고 했다. 대신, 사건이 진행되는 일정에 맞추어 착수금을 분할 납부하고, 이후 성공 보수도 지급하겠다는 약정이 있었기에 여느 사건처럼 그러려니 하며 사건을 시작했다.

피고인의 재판 과정은 10명에 이르는 주변 인물들에 대한 증인신문은 물론, 피해자와 주고받은 각종 서류와 대화 녹취까지 증거 조사로 거의 1년 가까이 이어졌다. 피고인은 억울함을 호소하며, 법률적으로 큰 의미가 없는 사소한 내용까지 전부 재판부에 전달되기를 원했다. 그런 이유로 나에게 계속 자료를 주었다. 그중에는 피고인에게 유리한 것도, 불리한 것도 있었다. 그래서 무엇이 피고인에게 도움이 될지 판단하고, 어떤 방식으로 증거로 녹일 수 있을지를 피고인과 사전에 조율하는 것이 중요했다. 나는 방대한 자료를 하나하나 분석하고, 증거를 선별해 법정에 제출하고, 주요 증인들의 신문 전략도 치밀하게 준비했다. 그 과정에서 재판보다 더 어려웠던 것은 피고인의 끊임없는 요구를 조율하고, 법적 의미를 반복해서 설명하는 일이었다. 지금이라면 훨씬 수월하게 수행했을 사건이지만, 당시에는 하나부터 열까지 쉬운 게 없었다. 의뢰인의 집요한 요청과 지나친 개입은 이제 막 변호사 업무를 익히기 시작한 초저연차 변호사에게는 감당하기 벅찼다. 회사도 신입 변호사에게 사건을 던진 후 알아서 하기를 바라는 눈치였다. 매일 물기 하나 남지 않을 정도로 정신이 탈탈 털리는 기분이 들 정도였다. 그렇게 길고 길었던 재판이 끝나고, 피고인은 마침내 무죄 판결을 받았다.

변호인은 형사 판결 선고 기일에 출석하지 않는 것이 일반적 관행이다. 하지만 판결 선고 결과를 현장에서 직접 확인해야 할 필요가 있거나, 그럴만한 사정이 있으면 출석하기도 한다. 나에게는 나름대로 판결 선고일에 직접 가야할 이유가 있었다. 오랜 시간, 피고인의 사소한 요청 하나하나 감당해 가며 끌고 온 재판이었다. 그러니 그 끝과 결과만큼은 내 눈으로 보고 싶었다.

피고인은 내가 법정에 들어온 걸 모르는 상태로 피고인석으로 향했다. 무죄 판결을 받은 후에는 입가에 미소가 만연했다. 법정 뒤편에 착석해 피고인의 무죄 판결을 듣고 있던 나 역시 기분이 좋았다. 뿌듯함, 안도감, 짜릿함, 뭔가 대단한 걸 이루었다는 생각과 함께 여러 감정이 머릿속을 스쳐갔다.

무죄를 받은 의뢰인은 법정에 와 있는 나를 보며 잠시 멈칫했다. 그리고는 고맙다는 말 한마디 없이, "너무 당연한 판결인데 오래 걸렸네요."라는 말을 남기고 법정을 떠났다. 의뢰인의 태도는 어느 때보다도 당당해 보였다. 그 순간이 그 사람과의 마지막이었다. 오랜 시간 함께 사건을 준비했고, 자신의 억울함을 풀기 위해 치열하게 다투어 얻어낸 무죄였다. 적어도 "고맙습니다."라는 인사치레 정도는 할 줄 알았다. 무엇이 그를 서두르게 만들었는지 그때는 몰랐다. 시간이 그보다 조금 더 흐른 후에야 그 사람에게는 과정보다는 결과가, 말보다는 돈이 더 중요했다는 사실을 알게 되었다.

이후 그는 내 전화는 물론, 우리 회사의 전화도 받지 않았고, 문자나 이메일 등 어떤 수단에도 답하지 않았다. 마땅히 지급해야 할 수임료 역시 지급하지 않았다. 회사에서는 도무지 연락이 안 된다며 그나마 가장 소통을 많이 했던 나에게 대신 연락해 보라고 부탁하기까지 했다. 나는 한때 의뢰인이었던 사람에게 문자로 정중하게 독촉해 보고, 다른 사람의 전화기로 전화를 걸어 "수임료를 지급하지 않으면 위임계약서를 근거로 소송을 제기하겠다."라는 경고도 해보았지만 모두 소용없었다. 더 이상했던 것은 이 모든 과정에서 내가 느낀 미묘하고 불편한 감정이었다. 마치 내가 악덕 사채업자라도 된 것처럼 선량한 채무자에게 독촉 전화나 하고 있는 기분. 피해자인데도 가해자가 된 것 같은, 아무 잘못도 하지 않았는데 잘못한 사람처럼 느껴지는 설명하기 어려운 감정이었다. 그 불편함의 정체를 한참이나 곱씹어 봤지만 명확한 답은 끝내 나오지 않았다.

"왜 사기를 당했어요?" "애초에 그런 사람과 엮이질 말았어야죠!" "딱 보면 이상한 상황인 거 안 보이셨어요?" "어떻게 그렇게 쉽게 돈을 줄 수 있어요?" 피해자에게 책임을 묻는 것이 얼마나 무의미하고 하찮은지, 동시에 폭력적인지를 나는 이 사건을 통해 뼈저리게 깨달았다. 피해자에게 건네지는 무심한 문장이 얼마나 많은 사람을 다시 가해자 앞에 세우는지도 말이다.

나는 그를 어떻게든 설득하려 했다. 상황이 이렇게 된 이상 "미안하다."는 한마디쯤은 돌아오지 않을까 했다. 그러다 어느 날, 독촉 문자를 보내는 것도 그만두었다. 그냥 인정하기로 했다. '아, 나도 사기를 당한 거구나.' 사기범을 변호해 무죄 판결을 받았지만, 나는 결국 그 사람의 또 다른 사기 피해자가 되었다. 변호사 인생 첫 무죄 판결의 대가였다.

억울함을 주장하는 사람을 위해 싸웠고 결국 승소했지만, 내가 느낀 것은 성취감이 아니라 공허함이었다. 재판에서 이겼지만 사람에게는 졌다. 나는 이 사건을 통해 법이 모든 진실을 담아내지 못한다는 사실을 배웠다. 그리고 그 감정은 이후 맡게 된 수많은 사건 속에서 조금씩 선명한 형태를 갖추기 시작했다.

그때는 몰랐다. 이 경험이 내 안에 아주 작고 단단한 방향 하나를 만들었다는 것을. 억울함을 끊임없이 말하는 사람보다 억울함을 드러낼 수조차 없는 사람의 편에 더 가까워지고 싶다는 생각이 아마 그때부터 조금씩 자라기 시작했던 것 같다. 그리고 나는 그 마음을 따라 지금까지 변호사 일을 계속해 오고 있다. 그때 그 무죄 판결은 나에게 '변호사의 기술'을 알려준 사건이자, '변호사의 마음'을 처음 질문하게 만든 사건이었다.

사기죄가 성립하기 위한 기망행위의 의미

– 대법원 2018. 8. 1. 선고 2017도20682 판결

사기죄의 요건인 기망행위는 널리 재산상의 거래관계에서 서로 지켜야 할 신의와 성실의 의무를 저버리는 모든 적극적·소극적 행위를 말한다. 반드시 법률행위의 중요 부분에 관한 허위표시를 해야 하는 것은 아니고, 상대방을 착오에 빠뜨려 행위자가 희망하는 재산적 처분행위를 하게 하는 판단의 기초가 되는 사실에 관한 것이면 충분하다. 따라서 거래의 상대방이 일정한 사정에 관한 고지를 받았더라면 거래를 하지 않았을 것이라는 관계가 인정되는 경우에는, 그 거래로 재물을 받는 자에게 신의성실의 원칙상 사전에 상대방에게 그와 같은 사정을 고지할 의무가 있다. 그런데도 이를 고지하지 않은 것은 고지할 사실을 묵비함으로써 상대방을 기망한 것이 되어 사기죄를 구성한다.

그는 내가 속한 세상의 왕이었고 나는 그 왕이 끔찍했다

이윤택 연극 감독은 한국 연극계의 거장이었다. 1980년대부터 극작가와 연출을 병행하며 엄청난 명성을 쌓았고, 세계적으로도 유명한 감독이었다. 그런 이유에서 연극계에서 이윤택의 지위는 말 그대로 독보적이었다.

2018년 2월, 극단 미인의 김수희 대표가 소셜 미디어에 글 하나를 게시했다.

10년도 전의 일이다. 지방 공연에 전 부치는 아낙으로 캐스팅이 됐다. 여관방을 배정받고 후배들과 같이 짐을 푸는데 여관방 인터폰이 울렸다. 전화 건 이는 연출이었다. 자기 방 호수를 말하며 지금 오라고 했다. 왜 부르는지 단박에 알았다. 안마를 하러 오라는 것이다. 안 갈 수 없었다. 그 당시 그는 내가 속한 세상의 왕이었다.

— 김수희 대표의 게시글 일부

십여 년 전 이윤택이 이끄는 극단 '연희단 거리패' 단원 시절에 이윤택 감독에게 입은 성추행 피해 내용을 상세히 다루고 있었다. 그 글은 이윤택 감독에 대한 최초의 미투°였다. 이후 "같은 피해를 입었다."는 연극인들이 줄줄이 나왔다. 놀라운 사실은 이들이 입은 피해가 상당히 유사했다는 점이다.

이윤택 감독은 여성 단원들에게 안마를 해달라고 강제하며, 그 과정에서 자신의 신체 부위를 만지게 하거나 피해자들의 신체 부위를 만지는 방식으로 강제추행을 했다. 일부 피해자들은 연극 연습을 빌미로 강제추행 이상의 피해를 입기도 했다.

한국 연극계에서 대표적인 연출가로 불리는 이에 대한 성폭력 고발이었다. 연일 각종 미디어가 들썩였다. 언론의 보도는 더욱

○ 미투 운동(Me Too movement)은 성폭력 피해 경험을 드러내고 공유함으로써, 그동안 은폐되거나 무시되었던 성폭력의 구조적 문제를 사회적으로 고발하고 변화시키려는 운동이다. 2006년 미국의 활동가 타라나 버크가 처음 사용했으며, 2017년 할리우드 영화 제작자 하비 와인스타인 사건 이후 알리사 밀라노의 SNS를 계기로 세계적으로 확산되었다. 한국에서는 2018년 초부터 사회 전반으로 확산되었다.

더 집요해졌다. 그럴수록 이상하게도 내 마음은 불편해졌다. 한 가지 질문이 계속해서 머릿속을 맴돌았기 때문이다. '피해자들은 어쩌고 있지?' 동시에 이런 생각이 들었다. 그들의 고통에 내가 함부로 접근해도 될까? 내가 도움을 줄 수 있는 사람일까? 나는 고민했다. 피해자의 고백은 대체로 오랜 침묵 끝에 겨우 흘러나온 한 줌의 말인데, 그 말을 법률적으로 해석하는 순간 다시 상처를 줄 수도 있었다. 그러다 자정이 가까워졌을 무렵, 믿고 의지하는 선배 변호사에게 전화를 걸었다.

"언니, 이윤택 피해자들 우리가 좀 만나 봐요."

불편함을 마주하기로 한 것. 그게 시작이었다.

변호사라고 피해자들을 쉽게 만날 수 있는 건 아니다. 나는 그들과 연락할 수 있는 수단을 찾아다녔지만 생각처럼 쉽지 않았다. 간신히 친분이 있던 기자의 도움으로 한 사람의 연락처를 알아낼 수 있었다. 하지만 그조차도 연락이 쉽지 않았다. 연극계는 동고동락의 극단 생활로 끈끈하게 연결되어 있다. 그런 연극계에서 신과 같았던 이윤택을 고발한 후, 그들은 여러 어려움을 겪었다. 그 과정에서 누가 자신을 공격하는지, 도움을 주려 하는지를 판단할 수 없어서 외부 연락과 제안 자체를 기피했다.

이들과 닿을 수 있는 방법은 극단이 모여 있는 대학로로 가는 것뿐이었다. 대학로의 여러 극단을 전전하며 이 사람, 저 사람에게 물어 그들을 만날 방법을 찾아다녔다. 그러다 연극인들이 모여 이윤택 사태에 관한 대책 회의를 연다는 소식을 접했다. 그곳에서라면 피해자들을 만날 수 있을 것 같았다.

코끝이 찡할 정도로 추웠던 2월의 밤공기를 마시며 나는 대학로의 한 극단으로 향했다. 극단 연습실에는 수많은 연극인으로 빼곡했다. 모두가 불편한 자세로 비좁게 앉아 있었는데 다들 익숙해 보였다. 그 자리가 어색하고 불편한 사람은 오로지 나뿐이었다. 그러다 한 사람이 나에게 밖에서 보자는 사인을 조용히 보냈다. 어렵지 않게 알 수 있었다. 내가 그토록 만나고 싶어 했던 피해자임을.

결과적으로 나는 이윤택에 대한 고소를 돕기로 했다. 고소 의사를 밝힌 피해자들은 대략 스무 명 남짓이었다. 일회성 피해는 드물었고, 한 사람이 여러 번의 피해를 입었다. 여러 명의 피해자, 여러 건의 피해…. 이런 사건을 혼자 변호하기는 힘들었다. 다행히도 이들을 돕기로 뜻을 모아준 변호사들이 있었고, 변호사단이 꾸려지는 데 오랜 시간이 걸리지 않았다.

변호사는 의뢰인과 함께한다. 나는 하루 종일 그들과 함께였다. 밥도 먹고, 커피도 마시고, 이런저런 수다를 떨고, 연극 이야기를 하다가 가끔은 세상 이야기를 했다.

"생년월일에서 일자 한 자리만 나랑 다르네요?"

"그 연극에 출연하셨던 거예요? 저 그 연극 보러 갔었는데!"

이런저런 이야기를 나누다 보면 자연스럽게 심리적 거리가 가까워진다. 그때는 피해의 겉면만이 아닌 속이 보이고, 알지 못했던 내용들도 속속 알게 된다.

이윤택 사건도 그랬다. 수많은 대화 속에서 내가 가장 분노했던 이유는 안마할 대상을 '선택'했다는 느낌 때문이었다. 부당한 요구를 단박에 거절할 수 있는 사람은 처음부터 안마 대상에서 제외했다. 배역 하나가 소중한 사람, 즉 간절한 연극인의 처지를 자신의 권력으로 이용했다.

일반적으로 성폭력 사건은 피해자의 진술 조사가 이루어진 후 본격적으로 수사가 진행된다. 이 경우에는 피해자들이 SNS에 업로드하거나, 인터뷰한 내용이 있었으므로 수사기관이 피해 사실을 먼저 인지하고, 수사 방향을 조사 전에 잡을 수 있었다. 다만 피해자가 많았기에 조사에도 많은 시간이 걸렸다. 오전 10시에 시작된 진술 조사가 다음 날 새벽 2시까지 이어지기를 몇 번이나 반복했다.

신기하게도 하루에 4시간밖에 못 자는 나날이 계속되었는데도 피곤하지 않았다. 조사를 모두 마치고 나와 피해자를 집으로 보내면, 새벽 3시에서 4시 사이였다. 나는 아무도 없는 청계천 길을 천천히 걸어 집으로 갔다. 진술 조사를 진행하며 들끓던 마음이 새벽의 찬 기운을 맞으면 차분히 가라앉았다. 처음 해보는 경험이었다. 사실 이윤택 사건 전까지만 하더라도, 나는 스스로에게 잘하고 있는지를 끊임없이 되물었다. 나를 의심했고, 모든 것을 의심했다. 나는 그 새벽의 청계천 길을 걸으며 처음으로 변호사로서의 확신을 느꼈다.

2018년 9월 10일, 이윤택에게 징역 6년이 선고되었다. 첫 미투 글이 게시되고 7개월 만, 제1심 재판이 시작된 지 5개월 만이었다. 2018년, 미투 운동으로 시작된 사건에 관한 최초의 판결이었다.

예술은 창조활동으로 인간의 삶을 풍요롭게 하는, 결국 인간을 위한 것입니다. 우리가 보는 예술작품이 인간의 인권을 말살하고 범죄로 탄생한 것이라면 과연 이것을 예술이라고 할 수 있을지 피고인에게 묻고 싶습니다.
— 법원에 제출한 변호사 의견서 중

검찰과 이윤택 모두 항소했다. 양쪽 모두 1심 판결에 불복했다는 뜻이다. 검찰은 1심의 판결이 너무 가볍다고 판단했고, 이윤택은 무겁다고 판단했다. 결과적으로 항소심에서 이윤택의 형량은 1년 더 높아졌다. 최종적으로 7년형을 선고받은 이윤택은 2025년 3월에 출소했다.

'권력형 성폭력'은 정치계·법조계·문화예술계·학계·의료계와 같은 특정한 영역에서만 벌어지는 '사건'이 아니다. 비대칭적 권력관계가 존재하는 곳이라면 어디서든 일어날 수 있는, 지극히 보편적인 사건이다.

우리 사회에서 권력형 성폭력의 발생 원인은 꽤나 복합적이다. 가해자들이 자신의 권력이 성적 괴롭힘과 폭력을 정당화할 수 있다고 인식하는 경우가 많기 때문이다. 그들이 오랜 시간 권력을 다지며 체화해 온 가부장적 의식 구조는, 자신의 행동이 어떠한 사회적 의미를 지니는지 인식할 최소한의 능력조차 마비시킨다.

여기에 권력자의 비위에 맞추며 행위를 합리화해 주는 조력자, 침묵하는 방관자까지 더해지면 권력형 성폭력은 체계적으로 은폐되고 고착화된다. 쉽게 말해 견고해진다. 체계화된 성폭력은 일회성으로 끝나지 않는다. 장기간 지속되고 반복되며 피해 수준, 피해의 수가 예측 불가능해진다. 그 과정에서 피해자가 겪는 가해자의 위력과 폭력은 일상화되며, 피해자의 노동과 생존을 포함한 삶 전체에 영향을 미친다. 다시 말해, 재판이 끝나도 그들의 삶은 좀처럼 회복되지 않는다.

이윤택 사건의 한 피해자는 이렇게 말했다.

"관객들은 내가 어떤 일을 당했는지 알고도 웃어줄까?"

이윤택 사건은 연극인들이 적극적으로 개입하고 움직였다. 그뿐만 아니라 문화예술계는 피해자들이 오랫동안 묵혀온 목소리를 낼 수 있게 앞장섰다. 불평등하고 안전하지 못한 환경, 권력의 비대칭에서 오는 약자를 향한 폭력, 피해자의 권리 보호 장치의 현실적 부재를 지적하며 문화예술 종사자들이 더 나은 창작 환경을 만들 수 있게 목소리를 높였다. 많은 예술가가 잘못된 관행과 병폐를 바로 잡기 위해 연대했다. 이런 자성적 노력이 피해자들을 하루라도 빠르게 일상으로 복귀시킨다. 한 개인의 노력만으로는 회복과 변화가 불가능하다는 뜻이기도 하다.

●

　미투 운동으로 온 세상이 뜨거웠던 2018년은 나에게도 뜨거웠던 해였다. 그해 1월 29일에는 현직 검사가 생방송 뉴스에 출연해, 검찰 간부의 강제추행과 그로 인한 불이익을 덤덤히 전했다. 그 고백은 단순한 개인의 피해와 고충에 대한 호소 그 이상이었다. 나는 그의 이야기를 하루 일과를 마치고 우연히 티브이를 켰다가 만났다. 생방송으로서 전해지는 이야기는 전형적인 조직 내 성폭력이었다. 내용 자체는 놀라울 것도, 새로울 것도 없었다. 하지만 그가 현직 검사라는 점이 새롭게 다가왔다.

　'정말 권력형 성폭력 문제는 해결될 수 없는가?' '범죄자를 척결하는 검사도 해결 못 하는 문제를 우리가 어떻게 해결할 수 있단 말인가?' 이런 질문들이 사회 전반에 퍼졌다. 무겁고, 이상하고, 매우 불편하고, 그리고 무언가 새로운 일이 다가오고 있음을 느꼈다. 대한민국에서 비슷한 경험을 한 적 있는 사람이라면 누구나 나처럼 느꼈을 것이다. 우리 사회에 자리하고 있는 설명하기 힘든 불편함과 그것이 당연시되는 분위기. 이 모든 것이 차곡차곡 쌓였기에 미투 운동의 폭풍이 거셀 수밖에 없었다.

　미투 운동이 이렇게 뜨겁지 않았다면, 정확히는 피해 사실을 고백하는 분위기가 만들어지지 않았다면 어떤 피해는 영원히 파묻혔을 것이다. 세상 모든 피해, 그리고 피해자는 균질하게 회복될 수 없다. 어떤 피해자는 피해를 잊기도 하고, 어떤 피해자는 피해를 마음속 어딘가에 못 본 척 구겨둔다. 어떤 피해는 잊히고, 어떤 피해는 멸각된다. 하지만 끄집어내고 싶은 피해가 있다면, 그것이 세상에 알리고 싶은 피해라면, 그 피해가 세상에 나올 수 있도록 언제든 제대로 돕는 것이 나의 일이자 직업이다. 2018년은 나에게 그 사실을 명확히 알려준 해였다.

이윤택 사건뿐만 아니라 안희정 전 충남도지사 사건, 고은 시인과 최영미 시인 간의 사건에서도 나는 주저 없이 피해자의 편에 섰다. 그리고 세상이 관심을 두지 않지만, 여전히 진행형인 수많은 싸움에서도 그들을 위해 변론했다. 사람들은 종종 왜 피해자를 위한 변론을 하게 되었냐고 묻는다. 그들은 나에게 거창한 답변을 기대하는 듯 보이지만 사실 내 답변은 조촐하기 짝이 없다. 그저 그 사람들의 옆에서 그들의 삶을 직접 보았기 때문이다. 그들이 자신의 삶을 지키기 위해 얼마나 치열한지 알게 됐기 때문이다.

이 사건의 판결문 일부

이 사건 범행은 피고인 자신의 권력을 남용한 것임과 동시에 소중한 꿈을 이루기 위해 그 권력에 복종할 수밖에 없었던 피해자들의 처지를 악용한 것이며, 그 결과 피해자들에게 회복하기 어려운 수치심과 고통 및 좌절감을 안겨준 것이다. 더구나 과거 여러 차례 배우들의 항의와 문제제기가 있었고 피고인에 직접 사과까지

하는 등 피고인 스스로 과오를 바로잡을 기회가 있었음에도 피고인은 그렇게 하지 않았다. 이 사건에 대한 비난가능성이 매우 크다.

나도 모르는 사이 나는 '재미'가 되었다

"이렇게 하면 얼굴은 안 나올 거 아니야. 그러면 됐어."

카페에서 커피를 마시던 친구가 화장실에 간다며 가방에서 스카프를 꺼냈다. 그러더니 머리와 얼굴을 스카프로 둘둘 감쌌다. 장난처럼 말했지만 불안감이 살짝 묻어나는 말투였다. 디지털 기기가 보편화되고 발전하는 동안, 화장실부터 탈의실, 숙박시설, 지하철 등에서 불법촬영 기기를 이용한 범죄가 급격히 증가했다. 특히 공중화장실 내 천장, 변기 뚜껑, 환풍구 등에 초소형 카메라를 설치하는 경우가 많아 사회적으로도 문제가 되었다. 그로 인해 내 친구는 언제, 어디서, 어떻게든 누군가에게 찍힐 수 있다는 막연한 공포를 품고 있었다. 스카프로 얼굴을 가리는 것은 그 나름의 생존 방식이자, 자기 자신과 맺은 합리적 타협이었다.

사실 불법촬영 문제가 하루아침에 불거진 것은 아니다. 스마트폰이 상용화되기 훨씬 전부터 휴대전화, 디지털카메라, 캠코더 등을 이용해 무수히 벌어지고 있던 폭력이었다. 그럼에도 불구하고 사회와 법률은 디지털 성범죄에 큰 관심을 두지 않았다.

"어디 다친 건 아니잖아? 그냥 재미삼아 장난친 것 같은데?"

디지털 성범죄를 대하는 가벼운 인식이 수사기관과 법원, 사회 전반에 뿌리 깊게 자리하고 있었다. 피해자들은 목소리조차 내기 어려운 실정이었다. 이 범죄에 부여된 최초의 이름은 '몰래카메라'였다. 1991년부터 1992년까지 일요일 밤마다 방영된 예능 프로그램 〈몰래카메라〉는 전 국민의 반 이상이 시청하던 인기 프로그램이었다. 이 이름은 장난스럽고 유쾌한 분위기를 자아내어 범죄의 심각성을 저편으로 밀어두었다. 몰래카메라라는 말이 '불법촬영'과 '디지털 성범죄'로 바뀌어 불리기까지 20년이 넘는 시간이 걸렸다. 이제는 더 이상 이 범죄를 몰래카메라 혹은 몰카라고 가볍게 부르지 않는다.

앞서 언급했듯이 디지털 성범죄의 역사는 생각보다 훨씬 오래되었다. 한국사회에 처음으로 알려진 집단 불법촬영 사건은 1997년 7월, 지금은 사라진 신촌의 그레이스백화점에서 벌어졌다. 백화점의 여성 화장실 천장에는 지름 3mm의 조그마한 구멍이 나 있었고, 그 틈 사이로 초소형 카메라가 설치되었다. 이 카메라는 화장실을 이용하는 여성 고객들의 모습을 실시간으로 볼 수 있게 백화점 지하 1층 방제실의 모니터로 연결되었다. 백화점 측은 카메라 설치 이유에 관해 "변기를 고장 낸 사람을 찾기 위해서였다."라는 도저히 납득할 수 없는 해명을 내놓았다. 하지만 카메라의 설치 위치와 촬영 각도, 방제실에서의 모니터링 방식 등은 백화점 측의 해명을 설득력 있게 만들지 못했다. 이 주장은 1997년 당시에도 시민들의 공분을 샀다. 분노는 빠르게 퍼졌고, 그레이스백화점의 불법촬영 사건은 주요 방송사 뉴스에 연일 보도되며 큰 사회적 반향을 일으켰다. 언론사와 TV가 앞 다투어 사건을 보도했다. 우리가 경험하지 못했던 새로운 범죄의 실체는 이렇게 낯설고도 불쾌한 모습으로 드러났다.○

그런데 그중 성범죄로 처벌받은 사람은 아무도 없었다. 이유는 간단했다. 사건이 발생한 1997년 7월, 당시 대한민국의 어느 법률에도 이와 같은 방식의 범죄를 처벌할 조항이 없었기 때문이다. 누군가의 신체를 아무런 동의 없이, 카메라를 이용해 촬영하는 방식의 성폭력 범죄는 당시 법률이 상상하지 못했던 범죄였다. 물리적인 신체 접촉도, 폭행도, 협박도, 눈에 보이는 폭력도 없이 발생하는 이 범죄를 예전의 법률은 예견하지 못했다. 그로부터 1년

○ 한국일보,「비밀카메라 "어물쩍" 넘어가나/그레이스백화점 여화장실 설치」, 1997.07.16., https://www.hankookilbo.com/News/Read/199707160080928570
KBS, '서울 신촌 그레이스백화점, 여자화장실 몰래카메라 설치 물의', 1997.07.14., https://news.kbs.co.kr/news/pc/view/view.do?ncd=3775784

5개월이 더 흘러 1998년 12월, 마침내 「성폭력범죄의 처벌 및 피해자보호 등에 관한 법률」°에 '카메라 등 이용 촬영죄'가 들어왔다. 불법촬영을 성폭력으로 바라보고, 국가가 형벌권을 행사하는 처벌의 역사가 시작되었다.

안타깝게도 처벌의 역사와 범죄 근절의 시간은 늘 나란하지 않다. 불법촬영을 필두로 한 디지털 성범죄 역시 마찬가지였다. 각종 IT 기술의 발전과 온라인 일상의 확산 속에서, 디지털 성범죄는 나날이 진화했다. 그 진화는 결국 범죄가 돈이 되고 수익이 되는 시장을 만들었다. 불법촬영은 '야한 동영상'이나 '음란물' 정도로 취급되었고, 소비의 대상일 뿐, 누군가의 피해이고 범죄의 결과물이라는 사실은 뒷전으로 밀려났다.

머지않아 굵직한 디지털 성범죄들이 잇따라 발생했다. 2015년 여름에는 한 워터파크 여성 탈의실에서 불법촬영 사건이 일어났다. 불특정 다수의 여성이 샤워하는 장면이 불법촬영되어 인터넷에 유포된 사건이었다. 같은 해에는 다크웹에서 만들어진 '웰컴투비디오' 웹사이트로 전 세계 32개국, 약 128만 명의 회원이 아동 성착취물을 유통하는 사건이 발생했다. 웰컴투비디오는 세계

○ 1994년 제정된 법률. 2010년 「성폭력범죄의 처벌 등에 관한 특례법」 및 「성폭력방지 및 피해자보호 등에 관한 법률」로 각각 제정될 때 까지 성폭력범죄에 관한 처벌과 특례를 규정한 법률이다.

최대의 아동 성착취 사이트였고, 32개국의 해외 수사기관들이 사이트 운영자 검거를 위해 공조했다. 2017년에 이르러서야 사이트 운영자가 특정되는데, 다름 아닌 한국인 손정우(당시 23세)였다. 손정우는 비트코인 등 가상화폐를 받는 방법으로 영상물을 유통했다.

그리고 마침내 모두를 경악하게 한 사건이 세상에 드러난다. 바로 2020년, '텔레그램 N번방 사건'이다. N번방 사건은 2018년부터 텔레그램 대화방을 통해 불법촬영물, 성착취물 등을 만들고 유통한 사건이다. 2020년은 전 세계가 코로나 바이러스의 충격에 휩싸인 해였다. 1월 말, 우리나라에서도 첫 확진자가 발생하며 불안과 공포가 일상을 잠식했고, 연일 뉴스 헤드라인은 코로나19 소식으로 넘쳤다. 그해는 사실상 어떤 이슈도 코로나19의 중력을 이기지 못할 것만 같았고, 코로나가 블랙홀처럼 모든 이슈를 빨아들였다. 그러나 N번방 사건은 달랐다. 코로나 바이러스만큼이나, 어쩌면 그 이상으로 대한민국 전체가 이 사건에 주목했다.

텔레그램 N번방 사건은 디지털 성범죄를 정확히 실감하지 못했던 사람들, 온라인 성착취를 막연하고 먼 이야기로 여겼던 사람들, 애써 현실을 외면해 왔던 사람 모두에게 거대한 충격을 안겨주었다. 이 사건은 단순한 개인의 일탈이 아닌, 집단적이고 조직적인 성착취의 민낯을 정면으로 드러냈다. 온라인 공간이 익명성과 기술을 기반으로 어떻게 범죄의 장이 될 수 있는지, 그곳에서 얼마나 많은 이가 얼굴 한 번 보지 않은 사람들과 범죄 단체를 구성할 수 있는지, 그리고 얼마나 많은 공범이 존재하고 있는지를 세상에 낱

낱이 보여주었다.

　이 사건으로 법은 움직일 수밖에 없었다. 디지털 성범죄에 대한 솜방망이 처벌, 딥페이크와 같은 신종 범죄를 처벌조차 못 했던 법적 공백은 집중적인 비판의 대상이었다. "N번방은 법을 먹고 자랐다."라는 말이 돌 정도였다. 결국 이 사건을 계기로「성폭력범죄의 처벌 등에 관한 특례법」상 불법촬영과 유포 등의 행위의 법정형이 높아졌다.◦ 기존에는 성폭력 범죄로 다루어지지 않았던 불법촬영물의 소지·구입·저장·시청 행위뿐 아니라 영상물의 편집·합성 행위까지 범죄로 명확히 규정되었다. 또, 아동·청소년 이용 음란물이라는 말도 안 되는 용어도 우리 법에서 사라지고, 더 정확한 표현인 '아동·청소년 성착취물'로 바뀌었다. 그간 법이 관심을 가지지 않았던 디지털 성범죄의 현실과 피해자의 마음에 비로소 조금 다가가기 시작한 셈이었다.

　하지만 제도가 변했다고 피해자의 현실이 곧바로 바뀌지는 않는다. 영상 삭제를 위한 지원 기관이 존재해도, 피해자 스스로 수십 개 플랫폼에 삭제 및 차단 요청을 해야 할 때가 많다. 피해자를 향해 이해나 배려 없이 쉽게 말하는 사람들도 많다. 피해자는 여전히 법 안에서도 밖에서도 방황할 수밖에 없다.

○　**불법촬영(카메라등 이용 촬영죄)**: 5년 이하의 징역 또는 3천만 원 이하의 벌금 → 7년 이하의 징역 또는 5천만 원 이하의 벌금으로 상향.

●

디지털 성범죄는 전통적인 성폭력과는 전혀 다른 방식으로 작동한다. 가해자가 누구인지 모를 수도 있고, 내가 피해를 입었는지를 인식하지 못하는 경우도 많다. 단 한 번의 피해가 영원한 피해로 이어지기도 한다. 피해는 반복적이고, 삭제는 완전할 수 없으며, 회복의 속도는 더디다. 그럼에도 불구하고 지금의 법은 여전히 불법촬영 등 디지털 성범죄의 범죄 성립 여부를 '성적 수치심'이라는 감정에 의존하고 있다. 디지털 성범죄 피해자들의 고통은 부끄러움이나 수치심보다 훨씬 복합적이고, 때로는 전혀 다른 감정으로 나타난다. 현실은 변했지만 법은 여전히 오래된 감정의 이름으로 피해를 설명하려 한다. 이 간극이 지금 우리 법이 해결해야 할 가장 본질적인 문제 중 하나이다.

'카메라 등 이용 촬영죄', 즉 우리가 흔히 말하는 불법촬영은 「성폭력범죄의 처벌 등에 관한 특례법」(약칭: 성폭력처벌법) 제14조 제1항에 규정되어 있다.

카메라나 그 밖에 이와 유사한 기능을 갖춘 기계장치를 이용하여 성적 욕망 또는 수치심을 유발할 수 있는 사람의 신체를 촬영대상자의 의사에 반하여 촬영한 자는 7년 이하의 징역 또는 5천만 원 이하의 벌금에 처한다.

이 조항에 따라 성적 수치심을 피해자가 느꼈는지, 피해자와 비슷한 환경에 처한 일반인들의 입장에서 성적 수치심을 느끼게 할 만한 촬영인지를 개별적·종합적으로 판단해 불법촬영 여부가 결정된다. 수사기관이 수사 과정에서 먼저 판단하고, 재판부는 기소된 사실을 기초로 해 범죄에 해당하는지 여부를 최종 판단한다. 그런데 묻지 않을 수 없다. '성적 수치심'이 불법촬영을 당한 피해자가 반드시 느껴야만 하는 감정인가? 수치심을 느끼지 못하면 그 피해를 인정받지 못하는가?

이 문제와 관련해 사회적 논란을 일으킨 것이 '레깅스 판결'이다. 대법원까지 갔던 이 사건은, 2018년 버스 안에서 레깅스를 입은 여성의 뒷모습을 휴대전화로 8초간 촬영한 남성의 행위를 불법촬영으로 볼 수 있는지 여부가 쟁점이었다. 1심 법원은 "성적 욕망 또는 수치심을 유발할 수 있는 신체에 대한 촬영"으로 보고 유죄를 선고했다. 그러나 2019년 항소심 법원은 무죄를 선고했다. 일상복처럼 입는 레깅스를 착용한 여성의 뒷모습을 촬영한 것은 성적 욕망 또는 수치심을 유발하는 촬영이 아니고, 피해 여성이 성적 수치심을 느꼈냐는 경찰의 질문에 "아니오. 기분이 더러웠다."라고 답한 것이 무죄의 주된 이유였다.

결국 이 사건은 대법원까지 갔다. 항소심의 무죄 판단은 대법원에서 뒤집혔다. 2020년 12월, 대법원은 원심을 파기하고 유죄 취지로 사건을 원심 법원으로 돌려보냈다. 주목할 점은 이 판결에서 대법원이 처음으로 '성적 수치심'이라는 개념에 비교적 구체적인 해석을 시도했다는 점이다. 법률에 여전히 남아 있는 '성적 수치심'이라는 문구의 의미와 범위를 마침내 되짚은 것이다.

> 피해자가 성적 자유를 침해당했을 때 느끼는 성적 수치심은 부끄럽고 창피한 감정으로만 나타나는 것이 아니라 분노·공포·무기력·모욕감 등 다양한 형태로 나타날 수 있다. 성적 수치심의 의미를 협소하게 이해하여 부끄럽고 창피한 감정이 표출된 경우만을 보호의 대상으로 한정하는 것은 성적 피해를 당한 피해자가 느끼는 다양한 피해 감정을 소외시키고 피해자로 하여금 부끄럽고 창피한 감정을 느낄 것을 강요하는 결과가 될 수 있으므로, 피해 감정의 다양한 층위와 구체적인 범행 상황에 놓인 피해자의 처지와 관점을 고려하여 성적 수치심이 유발되었는지 여부를 신중하게 판단해야 한다.
> — 대법원 2020. 12. 24. 선고 2019도16258 판결

성적 수치심을 단지 '부끄럽고 창피한 감정'으로 협소하게 이해해서는 안 된다는 것이 대법원의 판결 취지였다. 구체적 피해 상황마다 피해자들이 느끼는 감정은 다르고, 그 다양한 감정을 충실하게 들여다보고 심리해야 한다는 의미였다. 특히 피해자에게 부끄럽고 창피한 감정을 강요해서는 안 된다는 내용은, 성폭력 피해자들에게 피해자다움을 요구해 온 우리 사회의 현실에 일침으로 읽히며 큰 의미를 지닌다. 법이 피해자들의 다양한 감정을 담을 수

있어야 한다는 것이다.

대법원이 피해 감정의 층위와 맥락, 피해자 각자의 처지를 섬세하게 고려해 심리하겠다는 취지는 매우 환영할 만하다. 그래도 의문은 남는다. 성적 수치심에 대한 대법원의 정의는 과연 타당한가? 성적 수치심이라는 단어 자체의 사전적 의미는 '성적으로 스스로를 부끄럽게 여기는 감정'이다. 아무리 대법원이 다양한 감정을 그 안에 포섭할 수 있다고 말해도, 단어가 가진 본래의 의미까지 바뀌지는 않는다. 우리의 일상 언어에서 성적 수치심은 결코 분노나 공포, 무기력 같은 감정까지 포함해 사용되지 않기 때문이다.

성적 수치심이라는 단어 하나로, 피해자의 복합적이고 다양한 감정을 포섭하는 것에는 근본적 한계가 있다. 지금도 우리 법률 곳곳에 존재하는 이 표현은, 강제추행이나 성희롱 사건에서 법원이 객관적 판단 기준으로 등장시키는 대표적 문구이기도 하다. 이제는 이 용어를 폐기해야 한다. 그만 놓아주어야 한다. 그래야만 법과 현실의 진정한 변화가 시작될 수 있다.

실제로 디지털 성범죄를 포함한 다양한 성범죄 사건에서 피해자를 법적으로 지원하다 보면, 수사관이 "성적 수치심을 느꼈나요?"라고 묻는 순간들을 자주 만난다. 이때 피해자들은 당황한다. 특히 상대적으로 젊은 세대일수록 그 질문에 더 크게 당혹하며, 때로는 황당하다는 반응을 보이기도 한다. '성폭력 피해=수치심'이라는 공식이 이들에게는 더 이상 성립하지 않는 것이다.

누군가는 화가 나고, 누군가는 짜증이 나며, 어떤 이는 그저

성가시고 귀찮아한다. 또 다른 이는 두려움을 느낀다. 아무렇지 않은 사람도 있다. 피해자가 100명이면 그에 따른 감정도 100가지 이상이다. 그 감정에 수치심이 포함될 수도 있지만, 그것이 모두가 느끼는 공통된 반응이자 감정일 수는 없다. 수치심은 너무 오랫동안 강요된 피해 감정이다. 불법촬영을 당한 피해가 나의 잘못은 아니기에, 수치스러워야 할 이유는 없다.

수치심은 말 그대로 부끄럽고 창피한 감정이다. 그러나 성범죄는 더 이상 여성의 정조에 대한 문제가 아니라, 개인의 성적 자기결정권에 대한 중대한 침해로 이해해야 한다. 부끄럽거나 창피한 일이 아니고 명백한 권리 침해이자 범죄이다. 성인지 감수성이 상대적으로 높아진 오늘날의 젊은 세대에게 성적 수치심이라는 개념은 더 이상 디지털 성범죄 피해를 설명하는 기준이 될 수 없다. 모든 법률에서 성적 수치심이라는 표현이 사라져야 한다. 피해자에게 특정한 감정을 강요하지 않아야 한다. 피해자가 느끼는 모든 감정은 범죄가 남긴 고유한 흔적이며, 법은 그 감정을 있는 그대로 마주할 준비가 되어 있어야 하기 때문이다.

불법촬영을 규정하는 성폭력범죄의 처벌 등에 관한 특례법

제14조(카메라 등을 이용한 촬영)
① 카메라나 그 밖에 이와 유사한 기능을 갖춘 기계장치를 이

용하여 성적 욕망 또는 수치심을 유발할 수 있는 사람의 신체를 촬영대상자의 의사에 반하여 촬영한 자는 7년 이하의 징역 또는 5천만원 이하의 벌금에 처한다.

② 제1항에 따른 촬영물 또는 복제물(복제물의 복제물을 포함한다. 이하 이 조에서 같다)을 반포·판매·임대·제공 또는 공공연하게 전시·상영(이하 "반포등"이라 한다)한 자 또는 제1항의 촬영이 촬영 당시에는 촬영대상자의 의사에 반하지 아니한 경우(자신의 신체를 직접 촬영한 경우를 포함한다)에도 사후에 그 촬영물 또는 복제물을 촬영대상자의 의사에 반하여 반포등을 한 자는 7년 이하의 징역 또는 5천만원 이하의 벌금에 처한다.

③ 영리를 목적으로 촬영대상자의 의사에 반하여 「정보통신망 이용촉진 및 정보보호 등에 관한 법률」 제2조제1항제1호의 정보통신망(이하 "정보통신망"이라 한다)을 이용하여 제2항의 죄를 범한 자는 3년 이상의 유기징역에 처한다.

④ 제1항 또는 제2항의 촬영물 또는 복제물을 소지·구입·저장 또는 시청한 자는 3년 이하의 징역 또는 3천만원 이하의 벌금에 처한다.

⑤ 상습으로 제1항부터 제3항까지의 죄를 범한 때에는 그 죄에 정한 형의 2분의 1까지 가중한다.

희생으로 만들어진 법

형법은 국가의 형벌권 행사에 구체적 내용을 규정한 기본 법률이다. 어떤 행위가 범죄가 되는지, 그 죄는 어떻게 처벌되는지, 형벌의 종류로 무엇이 있는지 등 기본적 사항을 규정한 법률이다. 형법은 기본법이기 때문에 1953년 제정된 이래 자주 개정되지는 않았다. 다만 제정 당시에는 예측할 수 없었던 범죄의 양상을 규율하고자 수많은 특별법이 형법을 보완했다. 하루가 다르게 변화하는 현실의 범죄를 뒤따라가는 방식으로 말이다.

수많은 법률 중 형사처벌이나 피해자 보호를 위한 특별법이 생겨나게 된 계기는 슬프기 짝이 없다. 법률과 제도가 제대로 돌보지 못했던 수많은 피해자의 죽음과 피로 만들어진 법이기 때문이다. 특히 사회적으로 관심받지 못했거나, 사소한 일로 취급되어 목소리를 내기 어려운 피해는 더 그랬다. 법률이 끌어안기까지 더 오랜 시간과 더 많은 희생이 요구되었다. 법률의 보호를 받지 못하는 사람은 시간과의 지난한 싸움을 맨몸으로 견뎌야 했다. 이 과정에서 어떤 피해자는 세상에 자신을 내던졌고, 어떤 피해자는 세상을 등졌다.

아동학대로 잇따라 아이들이 목숨을 잃은 뒤에야 제정된 「아동학대범죄의 처벌 등에 관한 특례법」, 수차례 구조를 요청했음에도 제대로 보호받지 못한 스토킹 피해자들의 희생으로 만들어진 「스토킹범죄의 처벌 등에 관한 법률」, 가정 내 폭력을 법이 개입해서는 안 될 일로 치부하다 수많은 피해자가 목숨을 잃고서야 제정된 「가정폭력범죄의 처벌 등에 관한 특례법」, 그리고 아동 성폭력, 친족 성폭력 등 침묵과 외면 속에서 보이지 않는 피해자들이 만든 「성폭력범죄의 처벌 등에 관한 특례법」까지. 모두 피해자들의 희생으로 만들어진 법의 예시이다. 소 잃고 외양간 고친다는 속담이 있다. 대부분의 특별법이 바로 이 외양간이다. 물론 잃은 소를 되돌릴 수는 없다. 하지만 외양간 고치는 일을 소홀히 하지 않아야 하는 이유는, 적어도 더는 소를 잃지 않겠다는 사회의 다짐이기 때문이다.

특별법이나 새로운 법률이 제정되었다고 모든 문제가 해결되는 것은 아니다. 법률이 언제나 완전할 수도 없다. 하지만 적어도, 앞으로 유사한 사건과 피해가 되풀이되지 않게 만들겠다는 다짐이 법률에 녹아 있다. 동시대를 살아가는 사회 구성원들의 결심이기도 하다. 이전에는 법률 속으로 들어올 수조차 없었던 피해를 바라보는 태도가 이전과는 달라졌다는 신호이기도 하다.

가끔은 '법이 조금만 더 빨랐더라면…' 하는 생각을 한다. 피해가 더 생기기 전에, 누군가가 소중한 목숨을 잃기 전에 법률이 변화할 수 있도록 우리가 조금 더 고민하고 논의했다면 어땠을까? 달라졌을까? 불완전할 수밖에 없는 법률이 모든 피해를 완전히 막을 수는 없겠지만, 그래도 누군가는 더 살아남았을 수도 있다는 생각을 한다.

너무 늦게 제정된 법률을 부끄러워해야 할 때도 있다. 「스토킹범죄의 처벌 등에 관한 법률」이 그 예이다. 오랜 시간 스토킹은 그저 귀찮은 일, 개인적인 갈등, 낭만적인 구애처럼 취급되었다. "별일 아니야."라는 말에 가려졌고, 신고해도 아무 조처가 없었으며, 가해자는 "좋아서 그랬다."라는 말로 면죄부를 받았다. 법은 그 침묵의 시간 동안, 단 한 번도 피해자의 편에 서지 않았다. 하지만 '김태현 살인 사건'은 달랐다. 스토킹이 얼마나 빠르게, 그리고 치명적으로 강력 범죄로 비화될 수 있는지를 사회 전체가 목격했다.

서울 노원구에서 발생한 '김태현 살인 사건'은 「스토킹범죄의 처벌 등에 관한 법률」의 국회 통과에 결정적 영향을 미쳤다. 스토킹하던 여성에 대한 잘못된 집착은 결국 그 여성의 자매와 어머니까지 세 모녀 모두를 무참히 살해하는 비극으로 이어졌다. 살인 사건의 발단은 스토킹이었다. 피해자가 원치 않았던 일방적 연락, 지켜

보기, 기다리기, 미행 등 전형적 스토킹 행위는 강력범죄의 전조였다. 피해자가 자신을 만나주지 않는다는 이유로 앙심을 품은 김태현은 퀵서비스 기사를 가장해 피해자의 집에 침입했다. 그리고 가족 모두를 무참히 살해했다. 철저히 계획된 살인이었다. 이 끔찍한 스토킹 살인 사건은 또 한 번 우리 사회에 스토킹의 위험성을 각인시켰다. 그제야 국회도 반응했다. 매우 늦은 때였다.

스토킹 처벌법이 국회의 문턱을 통과한 이후 언론에서는 22년 만의 입법 성과라며 떠들썩하게 다루었다. 스토킹 처벌법은 1999년 국회에 스토킹을 처벌하는 내용을 담은 입법안이 최초로 발의된 이후, 단 한 번도 국회의 문턱을 넘지 못했다. 그리고 2021년에 이르러서야 스토킹 처벌법이 제정되었다. 그런 이유에서 나는 '성과'라는 표현이 마음에 들지 않았고, 거슬리기까지 했다. 누군가의 죽음을 대가로 만들어진 본질을 외면하고 '성과'라 치장하는 것처럼 느껴졌다. 성과란 무엇인가. 누군가의 생명이 사라진 후에야 겨우 움직인 것을 두고 성과라 부르는 건, 입법의 실패를 성공으로 포장하는 일에 불과하다. 그 표현은 가해자보다 피해자에게 더 잔인하게 다가온다. 누군가의 죽음이 아니더라도 진작 만들어졌어야 할 법이다. '이제야 법이 생겼다.'라는 안도보다는, '왜 이토록 늦었는가?'라는 자책이 앞섰다.

당시 나는 한국여성변호사회에서 인권이사직을 맡고 있었다. 나를 포함한 동료 변호사들, 피해자 지원 단체들, 경찰 모두가 스토킹 피해자를 보호하는 제대로 된 처벌법을 만들기 위해 함께 노력하던 때였다. 또한 실제 스토킹 범죄 피해자들을 무수히 만나 상담하며, 법률의 부재가 불러온 무력감, 일상이 파괴된 절망감을 직접 목격했다. 실제 현장을 경험했기 때문에 입법 성과라는 단어가 굉장히 불편하게 다가온 것이다. 동시에 지금이라도 제정되어 다행이라는 씁쓸함이 밀려왔다.

스토킹 범죄를 엄중하게 처벌하는 법률이 제정된 것은 다행스럽다. 그러나 22년이라는 오랜 시간이 걸려서야 간신히 국회의 문턱을 넘은 법률에 환호할 수만은 없다. 스토킹은 김태현이 저질렀던 세 모녀 살인죄의 전조 증상이었다. 하지만 전조 증상인 스토킹의 죄 값은 아무리 엄중하게 다루어도 범행 당시에는 벌금 10만 원에 불과했다. 그마저도 "지속적 괴롭힘"이라는 이름으로 스토킹을 경범죄로 다루었던 2013년 이후에나 매겨진 죄 값이었다. 그전에는 범죄 자체로 다루어지지도 않았기에 죄 값이란 것 자체가 없었다.

우리나라에 비해 미국, 영국 등의 국가는 1990년대부터 법률로 스토킹을 위법한 행위나 범죄로 다루며 제재했다. 우리나라와 항상 비교 대상이 되는 일본에서도 2000년에 「스토커 행위 규제법ストーカー行為等の規制等に関する法律」을 만들어 스토킹 행위를 일찌감치 처벌했다. 그에 비하면 우리의 입법은 늦어도 너무 늦었다. 스토킹을 범죄로 여기지 않고, 구애 과정에서 일어날 수 있는 일, 또는 적극적이고 낭만적 사랑의 방식, 별거 아닌 일로 치부했던 역사가 길었다. "열 번 찍어 안 넘어 가는 나무 없다."라는 말이 구애를 설

명하는 문장으로 통용되는 것도 여전한 현실이다. 나무는 열 번 찍으면 넘어갈 수도 있다. 그런데 사람은 단 한 번만 찍어도 죽는다. 그럼에도 불구하고 우리는 오랜 기간 스토킹에 관대했다. 법률 역시 창의적이고 빠르게 변화하는 스토킹을 전혀 따라갈 마음이 없었다.

"이제 스토킹으로 신고가 된다면서요. 꼭 처벌하고 싶어요."

코로나 팬데믹 상황에서 2021년 10월 21일에 시행된 스토킹처벌법은 그동안 범죄 피해로 기록되지 못했던 많은 피해자가 세상으로 나오는 계기가 되었다. 법률 시행과 함께 스토킹 경찰 신고 건은 급증했고, 나 역시 상담과 고소를 요청하는 피해자들을 이전보다 많이 만났다. 발언권조차 없던 피해자들의 목소리가 하나둘씩 세상 밖으로 나오게 된 것이다. 물론 피해자 보호에 실패한 사례, 가해자를 처벌하지 못하거나 경미한 처벌에 그치는 사례도 많기에 법률과 제도의 문제는 항상 예민하게 지켜봐야 한다.

스토킹 처벌법 시행 후 세상에 나온 피해자들 대부분이 법률 시행 이후 갑자기 피해를 입은 사람들이 아니다. 이미 수년간 한 사람에 의해 지속적으로 스토킹과 괴롭힘을 당해오던 사람들이다. 그런데 법률 시행 이후에도 피해자의 고통은 크게 줄지 않았다. 접근 금지 명령이 내려져도 가해자가 이를 어기고 접근하는 일이 잦았고, 구속까지 이어지는 경우는 드물었다. 스토킹에 시달리는 피해자들의 불안감을 떨치기에는 역부족이었다. 법은 만들어졌지만, 법을 집행하는 기관과 사람들의 인식은 여전히 갈 길이 멀다.

"변호사님, 제가 변호사 사무실에 온 걸 아마 가해자도 알게 될 거예요. 가해자가 변호사님을 찾아올 수도 있어요. 죄송해요."

가끔 오랜 기간 스토킹 피해를 당한 사람들이 사무실에 방문하며 우려 섞인 경고를 하기도 한다. 이런 이야기를 들으면 아무렇지 않은 듯 웃어 넘기지만, 속으로는 조금 무섭다. 근데 그 잠시뿐이다. 나 역시 스토킹 피해자를 변론하다가 가해자에게 또 다른 스토킹을 당한 적이 있다. 경찰 신고까지 고민했던 사안이지만, 피해자에게 또 다른 피해가 생길 수도 있다는 판단과 가해자를 자극할 것 같아 신고를 포기하기도 했다. 한두 번이 아니었다. 이런 과정을 몇 년간 거치니 내 마음 어딘가에 스토킹 굳은살이 생긴 것도 같다. 가해자들의 찌질한 행동은 우습고, 법 앞에서 움찔하면서도 그렇지 않은 척하는 옹색한 행동에도 이골이 난다.

그렇다. 가끔은 진심도, 공감도 아무 소용없을 것처럼 느껴진다. 하지만 그럴수록 법이, 그리고 내가 해야 할 일이 무엇인지를 깨닫게 된다. 입법이 지나치게 늦었던 스토킹 처벌법이지만, 법률의 탄생은 언제나 유의미하다. 무엇보다 스토킹 피해자로 공식적으로 기록되지 못하고 희생된 사람들이 만든 법률이다. 그들이 피로 썼다. 스토킹은 충분히 막을 수 있는 강력 범죄 중 하나이다. 범죄 특성상 더 큰 범죄로 발전하고, 또 항상 창의적으로 변모하는 이 범죄를 법률이 열심히 따라가야 하는 이유이다. 이제 법은 뒤쫓는 것이 아니라, 막는 힘이 되어야 한다. 사람이 떠난 자리에 남겨진 법률은 결코 찬란하지 않다.

버텨낸 자들의 이야기

나는 나보다 앞선 세대를 살고, 여전히 왕성하게 자신의 자리를 지키는 선배들의 이야기가 언제나 흥미롭다. 컴퓨터가 보급되지 않았던 시절에 경찰에서 이루어진 타자기 조사부터, 한 땀 한 땀 손으로 엮은 각종 수사와 재판 서류, 과거 법정의 분위기 등 선배들이 전해주는 젊은 날의 이야기는 나에게도 소중히 남는다.

특히 버텨낸 '언니'들의 이야기는 조용하고 평범해 보이지만 내가 가장 오래 품는 이야기이다. 일터에 여성이 많지 않았던 시절, 모든 환경이 여성에게 호의적이지 않았던 시절의 척박한 환경의 이야기는 무궁무진하다. 성희롱과 괴롭힘에 관한 인식조차 없었으므로 틀린 것이 틀린 게 아니었던 시절이 있었다.

최신영은 지방에서 대학을 졸업한 후 공무원이 되었다. 그는 안정된 직장을 꿈꾸었고, 그런 이유에서 공무원이 되었지만 사무실에서는 "최양"으로 통칭되었다. 최신영 또한 다른 남직원들처럼 똑같이 시험을 보고 공무원이 된 것인데 이름을 제대로 불러주는 이가 단 하나도 없었다. 그 최신영은 몇 년 후 결혼했다. 그때부터는 '최양'이 아닌 '최여사'로 불렸다. 최양이건 최여사건 하는 일은 별반 다르지 않았다. 아침에 출근하자마자 남자 상사에서 커피를 타서 대령하는 것. 그것이 최신영의 '일'이었다.

그 일은 생각보다 디테일했다. 한 남자 상사는 술 마신 다음 날 아침에는 꼭 보리차를 마셔야 했다. 그런 이유에서 최신영은 상사들의 음주 여부까지 체크하며 보리차를 끓이곤 했다. 그러다 하루는 깜빡하고 보리차를 끓이지 않았다. 술이 덜 깬 상사는 보리차가 왜 없느냐며 모든 직원이 보는 앞에서 최신영을 호되게 혼냈다.

당시 최신영은 아이를 낳고 모유수유 중이었고, 돌도 되지 않은 아이를 두고 출퇴근하느라 정신적으로도 신체적으로도 극한까지 몰린 상황이었다. 하지만 이 상황을 이해받기는커녕 오히려 질책과 조롱의 대상이 되었다. 한 번은 이런 일이 있었다.

"최여사 젖 나왔어요!"

전화를 받은 한 남성 동료가 아주 큰소리로 최신영에게 외쳤다. "전화 왔어요."라는 말을 의도적으로 "젖 나왔어요."라고 발음한 것이다. 모유수유 중인 최신영을 희롱하려는 의도가 분명했다. 하지만 이를 비판하지는 않고 다들 낄낄거리며 웃었다. 그다음의 전화도, 그다음 다음의 전화도, 다른 남자 동료 모두 최신영에게 전화를 돌려줄 때 "젖 나왔어요."라고 말했다.

 그 척박한 상황이 하루아침에 급변하지는 않았다. 다만 느리게, 아주 조금씩 나아졌다. 그 시간을 최신영은 오롯이 견뎠다. 견디다 보니 이 이상하고 기괴한 문화가 잘못되었다는 생각을 하는 사람들이 하나둘 생겼고, 그들의 문제 제기로 견고한 문화에 균열이 가기 시작했다. 법률도 마찬가지였다. 더디지만 멈추어 있지만은 않았다. 그리고 어느 날, 최신영이 당한 일에 이름이 붙는다. '성희롱' 그리고 '직장 내 괴롭힘'이었다.

●

 법률에도 정의되어 있는 성희롱은 일반적으로 원치 않는 성적 요구나 강요 등을 지칭한다. 우리나라에서 처음 만들어진 개념은 아니고, 'sexual harassment'의 의역 정도 되는 표현이다. sexual harassment는, 1974년 미국의 코넬 대학의 린 팔리Lin Farley가 '원하지 않는 성적 관심'에 문제를 제기한 후, 1978년 저서 『Sexual Shakedown: The Sexual Harassment of Women on the job(성적 흔들림: 직장 내 여성 성희롱 문제)』에서 최초로 제안한 용어이다. 제목에서 유추할 수 있듯 sexual harassment는 여성이 직장에서 경험하는 폭력, 여성들이 겪어야 하는 성차별, 노동권에 대한 문제의식에서 시작된 개념이다. 왜 똑같은 직장에서 일하는데 여성은 남성보다 많은 폭력과 성적 괴롭힘에 노출되어야 하는지, 왜 동등한 환경이 조성되지 않는지에 관한 당연한 문제의식이었다. 이런 문제의식과 개념의 발전 과정을 비추어 보면, 성희롱이라는 용어는 피해의 객관적 상황을 제대로 설명해주거나 직관적으로 그 의미를 담고 있다고 보기는 어렵다. sexual harassment라는 단어에 집중해 보면, '성적 괴롭힘'이라는 말이 실없는 장난의 의미로 쓰이는 '성적 희롱'보다는 더 맞는 용어가 아닐까 싶다.

    1970년대 서구에서는 성희롱에 관한 사회적 논의와 연구가 활발하게 이루어졌다. 이런 분위기는 우리나라에도 영향을 주었다. 성희롱이라는 명명이 1990년대에 들어서며 자리 잡았고, 성희롱에 관한 사회적 논의가 시작되었다. 1999년 2월 8일 제정된 「남녀차별금지 및 구제에 관한 법률」(2005년 폐지된 법률)은 성희롱의 개념을 구체적으로 정의한 최초의 법률이었다. 당시 법률은 이렇게 규정했다.

> 성희롱이라 함은 업무, 고용 기타 관계에서 공공기관의 종사자, 사용자 또는 근로자가 그 지위를 이용하거나 업무 등과 관련하여 성적 언동 등으로 성적 굴욕감 또는 혐오감을 느끼게 하거나 성적 언동 기타 요구 등에 대한 불응을 이유로 고용상의 불이익을 주는 것을 말한다.

지금 성희롱을 정의하고 있는 「양성평등기본법」「남녀고용평등법」「국가인권위원회법」과 크게 다르지 않다. 이 법률들이 그냥 만들어진 것은 아니다. '서울대 신교수 사건'은 성희롱의 사회적 논의와 법제화에 큰 영향을 미쳤다. 이 사건은 우리나라 최초의 성희롱 소송 사건으로 평가받는데, 1993년 조교였던 피해자가 성희롱 행위자인 신교수와 서울대학교 총장, 대한민국을 상대로 5천만 원의 손해배상청구를 제기하며 시작된 사건이었다. 치열한 법정 공방 끝에 1999년 대법원이 신교수에게 500만 원의 손해배상책임을 최종적으로 인정하는 것으로 종결되었다. 성희롱의 법률적 개념도 정의되지 않았던 시절이었다. 이 사건을 통해 성희롱은 타인의 권리를 침해하는 불법 행위라는 점이 대법원에 의해 인정되었고, 성희롱 개념이 법률에 정의되는 계기를 마련했다.

나는 대법원의 결론보다 대법원이 판결을 내리기 전 1995년 서울고등법원이 바라봤던 성희롱에 대한 시각이 더욱 흥미롭다. 당시 서울고등법원은 성희롱 피해자에게 패소 판결을 내렸는데, 그 이유를 한마디로 설명하면 교수의 행위는 민사상 불법행위가 아니라는 것이었다.

> 성이 인간의 발전을 이끄는 원동력이고 기본적인 에너지원이라고 하는 인식을 제쳐둔다고 하더라도, 남녀관계를 적대적인 경계의 관계로만 인식하여 그 사이에서 일어난 무의식적인 또는 경미한 실수를 모두 법적 제재의 대상으로 삼으려는 주장에는 경계하여

야 한다. 그렇게 되면 남녀간의 모든 접촉의 시도는 위축되고 모든 남녀관계가 얼어붙게 되어 활기차고 정열적인 남녀관계의 자유로움과 아름다움이 사라지게 될 우려가 있다. 그것은 남성에게뿐 아니라 여성에게도 불행스러운 일이 될 것이다.
— 서울고등법원 1995. 7. 25. 선고 94나15358 판결

성희롱을 무의식적이고 경미한 실수로 규제하면 "여성들에게도 불행스러운 일"이 될 것이라는 말에는, '결국 여성이 손해를 볼 텐데 그래도 괜찮겠니?'가 깔려 있었다. 어떻게 생각하는가? 성희롱을 불법행위로 보고 제재하기 시작해서 우리의 정열적인 삶이 더 위축되었는가? 그렇다고 대답할 사람은 없을 것이다. 정열적인 남녀관계와 성희롱은 아무런 관련이 없다. 서울고등법원의 원고 패소 판결과 그렇게 이어진 사회적 논의, 여러 우여곡절 끝에 대법원의 성희롱 판결이 세상에 나왔다. 법률에 성희롱이라는 개념이 들어왔다. 성희롱이라는 용어가 생소하던 시절에 피해자가 겪었을 어려움은 감히 상상하기도 어렵다. 이 판결 뒤에는 수많은 최양과 최여사, 미스최가 있었다. 그들이 버티지 않았다면 법률도 변화하지 않았을 것이다.

최신영에게 처음으로 최여사가 아닌 최주임이라고 불러준 상사가 있었다. 최여사라는 호칭에 익숙해질 대로 익숙해진 최신영은 상사에게 굳이 최주임이라고 부르시지 않아도 된다고 했다. 다른 남성 동료들이 김주사, 이주임으로 불리는 것은 당연했지만, 최

신영에게는 그 표현이 낯설고 어색해 불편하기까지 했다. 하지만 상사는 꿋꿋이 최신영을 최주임이라고 불렀다. 변화는 그때부터 일어났다. 최신영이 조금씩 달라지기 시작한 것이다. 수치를 모르고 당당히 성희롱을 일삼던 상사에게 "이건 아니다."를 말할 수 있게 되었다. 제대로 호명되었을 뿐인데, 자신이 당한 일들을 객관적으로 바라보게 되었다. 그러자 이런 생각이 들었다. '나에게 일어난 일이 다른 후배들에게 일어나선 안 돼.' 이 단단한 결단은 최신영의 후배들이 일터에서 더 인간답게 존중받도록 만들었다.

최양, 최여사라 불렸던 최신영은 현재 지방 광역시의 고위 공무원이다. 확실하게 자신의 이름과 직급을 되찾았다. "젖 나왔어요."라고 당당하게 성희롱을 용인하던 문화도 많이 사라졌다. 사람들은 최신영의 직장 내 위치와 직급, 동료와 후배로부터 인정받는 업무 능력을 막연히 부러워한다. 하지만 한 번쯤은 그가 버틴 시절을 생각해 봤으면 한다. 최신영은 묵묵히 견뎠고, 그 과정에서 하나씩 무언가를 바꾸어 나갔다. 무언가를 바꾸는 동안에 손을 잡아준 동료도 있었다. 이 변화들을 얼핏 개인적이어 보인다. 하지만 이 개인들이 조직의 성차별적인 관습에 균열을 만들었기에, 우리 사회에 새로운 분위기가 형성될 수 있었다. 사회를 변화시키기까지 시간이 얼마나 걸릴지는 누구도 예측할 수 없다. 몇 달, 몇 년, 몇 십 년, 그 이상이 걸릴 수도 있다. 느릴지라도 사회는 변화한다. 그 변화를 따라 법률도 움직일 수밖에 없다. 최신영의 변화처럼 말이다.

법이 놓친 시간, 정조에 관한 죄

"내가 얼마나 부끄럽고 수치스러웠는지 아세요? 남편과 자식들 볼 낯이 없어요. 이래서 앞으로 어떻게 살아요?"

미정에게서 수십 번은 더 들은 말이었다. 미정은 성인이 된 자식들, 남편과 함께 살았다. 평생을 가정주부로 살았고, 아이들이 다 큰 뒤에는 가게 아르바이트를 하며 번 돈으로 소소한 기쁨을 누렸다. 그러던 중 회식 자리에서 가게 사장에게 강제추행 피해를 입었다. 그 자리에 동석한 직장 동료가 피해를 목격했지만 미정의 편은 아니었다. 경찰 조사가 이루어지기도 전에, 조사에 협조하지 않을 것이고 이 사건에도 연루되고 싶지 않다는 의사를 분명히 밝혔기 때문이다. 다행히 현장에는 CCTV가 있었다. 범행 상황이 그대로 녹화되어 있었으므로 미정의 피해 입증은 동료의 진술 없이도 큰 무리가 없었다. 경찰서에서 피해자 진술 조사를 하는 내내 미정은 이 피해로 자신이 얼마나 수치스러운지를 끊임없이 설명했다.

"제가 정말 너무 부끄러워 수사관님에게도 설명이 잘 안 돼요. 저는 평생 살면서 이런 일은 저한테 안 일어날 줄 알았어요. 남편과 자식한테는 또 뭐라고 해요? 수치스럽고 괴로워서 죽겠어요. 사람들이 이런 일 겪고 자살을 왜 하는지 알 것 같다니까요."

자살이라는 단어까지 등장하자 경찰은 화들짝 놀라 미정을 바라봤다.

"그렇게 느끼지 않아도 돼요. 잘못은 선생님이 아니라 가해자가 한 건데요. 시간이 지나면 감정이 조금 차분해질 겁니다."

경찰이 수차례 미정을 살피고 배려했음에도 미정은 조사가 끝나고 다시 눈물을 보였다. 이대로 집으로 보내기가 다소 걱정되었다. 나는 미정과 경찰서 앞 카페에서 커피 한잔을 마시며 조금 더 이야기를 나누기로 했다. 커피가 미정의 마음을 달래주었는지, 다행히 가파르던 감정 곡선이 점점 완만해졌다.

"그런데 저… 충분히 말을 못 한 것 같아요. 어떡해요?"

차분해지니 경찰서에서 피해 진술을 제대로 못 한 것 같다는 걱정이 밀려온 듯했다.

"경찰이 충분히 이해했을 거예요. 진술 조서에도 잘 들어갔으니 걱정 마세요."

하지만 한 번 샘솟기 시작한 불안감은 쉽사리 사라지지 않았다. 카페를 나설 때쯤에 미정은 다시 자신의 처지를 비관하며 눈물을 쏟았다.

미정의 사건 조사에 동석하고 이틀 후, 갓 대학에 입학한 스무 살 유나가 동아리 선배에게 강제추행 피해를 당한 사건을 맡았다. 처음 만나는 날, 유나는 대학 이름과 로고가 박힌 점퍼를 자랑스럽게 입고 왔다. 강제추행은 동아리 모임에서 일어난 일로, 여러 사람이 동석했던 자리였다. 그 자리에 동석한 동기들도 앞장서서 유나의 피해에 관해 목격자 진술을 하겠다고 했다. 친구들 중 일부는 유나의 피해자 진술 조사에 동행할 수는 없냐고 물을 정도였다. 게다가 이 사건을 동아리에서는 매우 심각하게 받아들였고, 조만간 동아리 차원에서 공론화할 예정이라고 했다. 유나는 주변 친구들의 전적인 지지를 받으며 나와 경찰서로 향했고, 경찰 조사 과정 내내 흐트러짐 없이 피해 사실을 잘 진술했다.

지금 이 순간에도 어디에선가 무수히 반복되고 있을 사건이었다. 그런데 경찰의 마지막 질문에 대한 유나의 진술을 듣는 순간, 이 사건은 내 마음 어딘가에 조용히 들어와 특별해졌다. 이틀 전 만났던 미정이 문득 떠올랐기 때문이다.

"피의자가 갑자기 저에게 다가와 어깨동무를 했어요. 허리와 손을 만질 때는 기분이 정말 너무너무 드러웠어요. 짜증도 났고. 이 사람이 정신이 나갔다고 생각했다니까요? 술에 그렇게 취한 것도 아니었거든요. 황당하고, 아무튼 정말 빡쳤어요."

신체 접촉을 수반하는 강제추행죄는, 피해자의 주관적 감정이 아닌 사회통념상 객관적으로 성적 수치심을 일으키는지 여부를 기준으로 판단한다. 그렇지만 조사 과정에서는 으레 피해 당시, 피해자가 느낀 감정을 묻는다. 60대 초반인 미정의 피해 감정을 한마디로 요약하면 '수치심'이었다. 반면 스무 살 유나가 표현한 피해 감정은 '빡침'이었다. 유나에게는 "빡치고 짜증을 유발하는" 강제추행 피해였지만, 미정에게는 "죽고 싶을 만큼 수치스러운" 강제추행이었다.

무엇이 이들의 감정을 다르게 만들었을까? 이들과 함께 살아온 시대의 사람들, 그 시대가 가진 피해에 대한 인식, 사회의 분위기, 문화적 배경, 모든 것이 영향을 주었다. 하지만 또 하나 중요한 요소가 있다. 성폭력 범죄를 바라보고 다루었던 법률의 태도이다. 그것이 결국 피해 감정의 차이를 만들었다.

●

국가가 형벌권을 행사하려면 반드시 명분이 필요하다. 보이지 않는 거대 권력을 가진 국가가 힘없는 개인을 대상으로 행사하는 형벌권에는, 반드시 정당성을 뒷받침할 마땅한 이유가 있어야 한다. 법률적 용어로 치환해 보면, 이 명분을 '보호 법익'이라고 부른다. 쉽게 말해 국가가 형벌권 행사를 통해 지키고자 하는 추상적 가치와 이익을 의미한다.

말이 조금 어렵지만 예를 들면 쉽게 이해할 수 있다. 살인죄의 보호 법익은 개인의 생명권이고, 절도죄의 보호 법익은 개인의 재산권이다. 형법은 개인적 법익뿐만 아니라 국가 전체나 사회의 이익을 보호하기 위한 범죄도 규정하고 있다. 그렇다면, 강간과 강제추행 같은 성폭력 범죄를 규정함으로써 무엇을 보호하려고 하는 것일까?

오늘날에는 성폭력 범죄의 보호 법익이 '개인의 성적 자기결정권'이라는 점에 이견이 거의 없다. 성적 자기결정권이란, 자기의 성적인 문제를 스스로의 자유로운 판단하에 독자적으로 결정하는 권리이다. 원하지 않는 성행위를 하지 않을 권리, 성적 행위를 할 권리, 성적 행위의 상대방과 그 방법까지 모든 사항을 누구의 간섭도 없이 스스로의 판단과 책임하에 선택할 수 있는 권리이다. 비록 헌법에는 성적 자기결정권이라는 말이 등장하지 않지만, 헌법재판소는 이를 헌법 제10조에서 보장하는 인격권 및 행복추구권, 헌법 제17조에서 보장하는 사생활의 비밀과 자유에서 도출되는 권리로 인정한다.

성적 자기결정권은 헌법상 보호되는 인격권의 한 부분으로서, 인격권은 헌법 제10조의 인간의 존엄성과 행복추구권 및 헌법 제17조의 사생활의 비밀과 자유에 그 헌법적 기초를 두고 있다. (중략) 헌법 제10조에서 보장하는 인격권 및 행복추구권, 헌법 제17조에서 보장하는 사생활의 비밀과 자유는 타인의 간섭을 받지 아니하고 누구나 자기운명을 스스로 결정할 수 있는 권리를 전제로 하는 것이다. 이러한 권리내용 중에 성적자기결정권이 포함되는 것은 물론이다.

— 헌법재판소 2002. 10. 31. 선고 99헌바40 결정 등

하지만 성적 자기결정권이라는 개념이 처음부터 존재했던 것도, 당연했던 것도 아니다. 헌법재판소가 간통죄의 위헌 여부를 판단하며 성적 자기결정권을 언급한 때는 1990년이고, 대법원이 준강간죄의 보호 법익을 설명하며 성적 자기결정권을 언급한 때는 2000년이었다. 이 이후로 성적 자기결정권이라는 말이 빈번하게 쓰였지만, 형법이 제정된 1953년에서 한참이 지난 뒤이다.

형법이 제정된 1953년부터 1995년 개정되기 전까지, 강간과 강제추행 등의 성폭력 범죄를 다루는 형법 제32장의 제목은 「정조에 관한 죄」였다. 1995년 12월 29일에 개정되어 1996년 7월 1일부터 시행된 이 법은, 정말 제목 그대로 정조에 관한 죄들을 규정했다. 즉, 국가가 보호하고자 했던 것은 피해자의 신체도, 자유도, 권리도 아니었다. 오로지 '정조'였다.

정조의 사전적 정의는 "여자의 곧은 절개, 이성 관계에서 순결을 지니는 일"이다. 정조는 그 시대가 요구하는 윤리적 책무와도 같았다. 특히 여성에게 강력하게 요구되던 순결이었다. 이런 배경은 조선시대까지 거슬러 올라간다. 조선시대 여성에게 정조는 단순한 개인의 미덕이 아니라, 가문의 명예와 사회적 질서를 유지하기 위한 윤리적 책무였다. 유교적 이념 아래에서 여성의 성적 순결

은 가부장적 가족 제도와 신분제를 유지하는 핵심 도덕 원리였고, 혼인을 앞둔 여성은 외출이 제한되거나, 남성과의 접촉이 철저히 통제되었으며, 정절을 증명할 수 없는 여성은 결혼과 사회적 존재 자체가 위협받았다. 일부 상류층 여성들 사이에서는 장식성과 호신을 겸한 은장도가 정절의 상징으로 여겨졌고, 『삼강행실도』와 『열녀전』 등에는 남편의 죽음 이후 자결을 택한 여성의 이야기가 미덕과 충절의 표본으로 기록되었다. 이러한 역사적 맥락은 훗날까지도 이어져, 여성의 피해 사실보다 '정조' 여부를 먼저 검증하려는 법과 제도, 사회적 시선으로 재현되었다. 해방 이후에도 정조는 여학생 교육의 핵심 가치였다. 1960년에서 1970년대 도덕 교과서에는 "순결한 여성이 되어야 한다."라는 내용이 반복되었고, 여성의 성적 행동을 억제하는 방식으로 정조 담론이 주입되었다. 이렇게 정조를 규범화해 온 역사는 법률뿐 아니라 사회 전반의 문화적 기반을 구성했다. 하지만 정조는 요즘 10대나 20대에게는 익숙하지 않다 못 해 낯설기까지 한 단어이다. 이제는 일상에서조차 희미해진 단어가, 한때 형법이 그토록 지키고자 했던 보호 법익이었다.

그렇다면 「정조에 관한 죄」가 존재하던 시절에 모든 피해자의 정조는 동등하게 보호받았을까? 당시 성폭력 범죄(정확히는 강간죄)는 오직 여성만이 피해자가 될 수 있었다. 법률상 피해자가 '여성'일 수밖에 없었다는 뜻이다. 법은 성폭력의 본질을 '정조를 침해당한 여성'으로 규정했으므로, 정조는 곧 '여성에게 요구되는 순결'이었다. 그러나 법이 지키려 한 정조는 모든 여성의 정조가 아니었다.

법률상 보호할 가치가 있다고 여겨진 여성의 정조만이 대상이었다. 법이 여성의 정조를 선별하고, 보호 여부를 판단했다. 그리고 그 법은 남성의 정조를 전혀 문제 삼지 않았다. 강간죄의 피해자는 법률상 오직 '부녀'만 가능했기에, 남성이 강간 피해자가 되는 것은 법률적으로 불가능했다. 보호받지 못한 피해는 존재하지 않는 것으로 취급되었다.

> 성적 자기결정권은 스스로 선택한 인생관 등을 바탕으로 사회공동체 안에서 각자가 독자적으로 성적 관觀을 확립하고, 이에 따라 사생활의 영역에서 자기 스스로 내린 성적 결정에 따라 자기책임하에 상대방을 선택하고 성관계를 가질 권리를 의미하는 것이다.
> ― 헌법재판소 2002. 10. 31. 선고 99헌바40 결정 등

누군가는 법률의 보호를 받았지만, 누군가는 보호의 바깥에 있었다. 당시 법률상 표현을 빌려보자면 "정숙한 여인의 건전하고 순결한 정조"○, "음행의 상습이 없는 부녀"○○라는 기준을 충족한 여성만이 보호받았다. 한마디로 성적으로 문란하지 않고, 정숙하고 순결함도 인정받는 여성만이 국가의 형벌권으로부터 보호받았다.

형벌권을 행사하기 위해서는 한 가지 더 중요한 요건이 있다. 1953년부터 2013년 6월까지, 상해나 사망과 같은 중한 결과가 뒤따르지 않는 한 대부분의 성폭력 범죄는 피해자의 고소가 있어야 국가가 처벌할 수 있는 '친고죄'였다. 피해자가 반드시 고소해

야 수사기관이 수사할 수 있었고, 수사나 재판 도중 피해자가 고소를 취소하면 수사는 그 순간 종료되었다. 재판도 유무죄 판단을 하지 않고 공소기각 판결로 끝났다. 친고죄는 피해자의 의사를 존중한다는 명분을 가지고 있지만, 사실상 텅 빈 명분이었다. 수치스럽고 부끄러운 피해이기 때문에 피해자에게 한 번 더 생각할 기회를 주었던 것뿐이다. 수치심과 낙인을 극복하고 정말로 고소를 원해야만, 그 정도가 되어야 국가가 나서겠다는 안일한 태도였다. 결국, 중대한 범죄에 관한 형벌권 행사의 책임을 피해자에게 떠넘긴 것이다. 이 책임 전가는 2013년 6월까지 이어졌다.

국가가 지키려 했던 것은 한 개인의 존엄이 아니라, 공동체가 요구한 윤리의 기준이었다. 피해자가 그 기준에서 벗어나면 보호는 철회되었다. '정조를 잃은 자'에게는 수치심이 당연한 처분처럼 여겨졌다.

○ 1954년, 박인수라는 남성이 장교 행세를 하며 70여 명의 여성들을 대상으로 혼인을 빙자해 성관계를 한 사건이 일어났다. 이 사건에서 「혼인빙자간음죄」로 기소된 박인수에 대한 1심 판결문에 기재된 내용 중 일부이다. 당시 1심 재판부는, "법은 정숙한 여인의 건전하고 순결한 정조만 보호할 수 있다." 하면서 「혼인빙자간음죄」에 대해서는 무죄를 선고했으나, 2심에서는 유죄가 선고되었다.

○○ '혼인을 빙자하여 부녀를 기망하여 간음'한 행위를 처벌했던 「혼인빙자간음죄」는 "음행의 상습 없는 부녀"를 기망하여 간음함으로써 성립하는 범죄였다(대법원 1970. 11. 30. 선고 70도2172 판결 등). 혼인빙자간음죄는 2009년 11월 26일 헌법재판소의 위헌결정(2008헌바58)으로 효력을 상실하였고, 2012년 12월 형법에서 삭제되었다.

이 모든 것이 정조와 수치심의 문제에서 비롯되었다. 성폭력 피해를 입은 사람을 정조의 침해를 입은 '피해자'로 접근하지 않고, '정조를 잃은 책임이 있는 사람'으로 취급했다는 것이 문제의 핵심이었다. 정조를 강조하면서도 정조의 책임을 피해자에게 물었다. 그로 인해 반드시 지켜야 할 순결한 가치를 잃은 사람은 공동체와 사회에 낙인찍혔다. 그 낙인은 피해자를 끊임없이 부끄럽고 수치스러운 존재로 몰아갔고, 가족, 친지, 친구들까지도 피해자가 입은 피해를 수치스러워했다. 쉬쉬하고, 옷차림을 질책하고, 태도를 지적했다.

피해자는 점점 숨어야 했다. 움츠러들고, 더 수치스러운 것처럼 행동해야 했다. 사회가 요구하는 '피해자다움'을 갖추어야만 겨우 피해자로 인정받았다.

1953년부터 무려 40여 년 이상, 형법은 성폭력 범죄를 정조의 문제로 이해했다. 성폭력 피해는 곧 수치스러움이라는 관념이 법 안에 각인되어 있었다. 법률은 인간이 만든 의식과 합의의 산물이지만, 영원히 움직이지 않는 딱딱한 고체는 아니다. 사람들이 바뀌고 사회가 변한다면 법률도 필연적으로 바뀐다. 하지만 이 변화가 늦어진다면, 우리는 법률에 의식을 지배당한 채 살 수밖에 없다.

1997년 형법 개정으로 형법 제32장의 「정조에 관한 죄」는 「강간과 추행의 죄」로 바뀌었고, 우리 법률에서 정조란 말은 형식적으로 모두 폐기되었다. 그렇지만 법률적 잔재는 그 후로도 오래 남아 있었다. 친고죄는 2013년 6월이 되어서야 폐기되었고, 강간죄의 객체가 부녀에서 사람으로 바뀐 시점도 이때였다. 지금도 여전히 우리 법률에 남아 있는 성적 수치심이라는 용어는 「정조에 관한 죄」의 가장 선명한 법률적 잔재이다. 피해자가 왜 수치심을 느껴야 하는가? 수치심은 피해자가 아니라, 법을 어기고 타인의 권리를 침해한 가해자의 몫이어야 한다.

성적 수치심이라는 말보다는 불쾌감, 공포감, 황당함 등 피해자의 다양한 감정에 더 다가가는 법률의 언어가 필요하다. 또한 정조에 대한 집착에서 벗어나, 개인의 성적 자기결정권의 침해에 집중해야 한다.

유나는 맞고 미정은 틀렸다는 이야기가 아니다. 미정이 유나처럼 변해야 한다는 이야기는 더더욱 아니다. 그들이 느끼는 감정, 피해를 서술하는 방식, 피해를 대하는 태도가 반드시 개인적일 수만은 없다는 이야기를 하고 싶은 것이다. 나의 감정도, 태도도, 생각도 온전히 나 혼자만 만드는 것이 아니다. 그럼에도 우리는 그것이 오롯이 나만의 것인 줄 착각한다. 나와 다르게 느끼는 상대를 이해하지 못하고 이상하게 바라보는 오류를 범하기도 한다. 정조에 관한 죄의 시대를 살았던 미정들, 법률적으로 정조를 전혀 경험해 보지 않았던 유나들, 이들의 감정과 표현 방법은 같을 수 없다.

동일한 이름의 범죄를 겪었더라도 반응은 모두 다르다. 어떤 피해자는 분노를 터뜨리고, 어떤 피해자는 조용히 침묵한다. 누군가는 잊으려 하고, 누군가는 끝까지 싸운다. 어떤 사람은 또렷한 목소리를 내고, 어떤 사람은 움츠러든다. 행동의 차이가 피해의 무게를 대변하지는 않는다. 표현의 차이가 피해의 본질을 바꾸지도 않는다. 단지 저마다의 방식으로 살아남고 있을 뿐이다. 그러니 미정의 수치심도, 유나의 분노도 결국 모두 같은 것이다. 모두 존중받아야 할 감정이다. 미정들의 방식을 답답하거나 고리타분하게 여겨서도 안 되고, 유나들의 방식을 유난스럽고 이상하게 여겨서도 안 된다.

이들의 피해를 법률이 진정으로 위로하려면, 미정과 유나가 살아온 각자의 시간과 그 시간에 새겨진 세대의 기억까지도 조금 더 깊이, 더 진심으로 들여다보아야 한다. 법은 감정을 줄 세우는 도구가 아니라, 각자의 감정을 존중하는 울타리여야 하기 때문이다.

참고 판례

1. 1953. 9. 18. 법률 제293호로 제정된 형법은 강간죄를 규정한 제297조를 담고 있는 제2편 제32장의 제목을 「정조에 관한 죄」라고 정하고 있었는데, 1995. 12. 29. 법률 제5057호로 형법이 개정되면서 그 제목이 「강간과 추행의 죄」로 바뀌었다. 이러한 형법의 개정은 강간죄의 보호법익이 현재 또는 장래의 배우자인 남성을 전제로 한 관념으로 인식될 수 있는 '여성의 정조' 또는 '성적 순결'이 아니라, 자유롭고 독립된 개인으로서 여성이 가지는 성

적 자기결정권이라는 사회 일반의 보편적 인식과 법감정을 반영한 것으로 볼 수 있다(대법원 2013. 5. 16. 선고 2012도 14788 전원합의체 판결 중).

2. 성적 자기결정권은 (중략) 자신이 하고자 하는 성행위를 결정할 권리라는 적극적 측면과 함께 원치 않는 성행위를 거부할 권리라는 소극적 측면이 함께 존재하는데, 위계에 의한 간음죄를 비롯한 강간과 추행의 죄는 소극적 성적 자기결정권을 침해하는 것을 내용으로 한다(대법원 2020. 10. 29. 선고 2018도16466 판결 등).

3. 헌법 제10조는 "모든 국민은 인간으로서의 존엄과 가치를 가지며, 행복을 추구할 권리를 가진다. 국가는 개인이 가지는 불가침의 기본적 인권을 확인하고 이를 보장할 의무를 진다."라고 규정하여 모든 기본권을 보장의 종국적 목적(기본이념)이라 할 수 있는 인간의 본질이며 고유한 가치인 개인의 인격권과 행복추구권을 보장하고 있다. 그리고 개인의 인격권·행복추구권에는 개인의 자기운명결정권이 전제되는 것이고, 이 자기운명결정권에는 성행위여부 및 그 상대방을 결정할 수 있는 성적자기결정권이 또한 포함되어 있다(헌법재판소 1990. 9. 10. 선고 89헌마82 결정).

3부
정의가 닿지 못한 자리에서

국민참여재판의 맹점,
가해자의 자살로 인한 공소권 없음,
형식적인 사과.
법과 제도가 피해자의 곁에 머물지 않을 때의 기록.

망치로 머리를 때려도 집행유예

자희의 유일한 낙은 유치원에 다니는 두 아이들이 하루가 다르게 성장하는 모습을 보는 것이었다. 그는 차분하고 상냥한 성격으로 유치원 엄마들과도 잘 어울렸다. 아이들을 등원시키는 아침에도 항상 흐트러짐 없는 깔끔한 모습이었다. 여느 집에서나 어린 아이 둘을 돌보다 보면 아침마다 등원 전쟁이 일어나기 일쑤인데, 자희만은 그 모든 것을 피해간 사람처럼 잘 정돈되고 평화로운 모습이었다. 게다가 음식 솜씨도 남달랐다. 매일 자신이 만든 음식 사진을 찍어 소셜 미디어에 올렸고, 정성스레 만든 음식을 아이들이 맛있게 먹는 모습을 보며 뿌듯했다.

이른 아침에도 항상 화사한 얼굴과 미소를 보이던 자희가 언제부터인가 아이들을 등원시킬 때 모자와 선글라스를 썼다. 평소 모자와 선글라스를 착용하는 일이 없던 그가 한동안 하루도 빠짐없이 착용하고 나타나자, 동네 엄마들은 의아했다. 처음에는 자희가 성형수술을 한 것이라고 의심했다. 왜 선글라스를 쓰는지, 왜 모임에 잘 안 나오는지는 구태여 더 묻지 않았다.

 희정은 자희의 대학 동기이자 동네 친구였다. 두 사람은 종종 서로의 집에 가서 수다를 떨곤 했는데, 어쩌다 보니 한동안 교류가 없었다. 오랜만에 담소라도 나누자 싶어 희정은 자희의 집으로 향했다. 그리고 문을 여는 자희의 얼굴을 보고 깜짝 놀라 뒤로 넘어질 뻔했다. 유난히도 투명하고 하얀 피부 때문인지 눈 옆 광대의 푸릇하고 노란 멍 자국이 더욱 선명하게 보였다.

 "너 얼굴이 왜 이래? 어디서 넘어진 거야? 화장실에서 미끄러지기라도 한 거야, 뭐야?"

 그제야 꽁꽁 숨겼던 자희의 비밀이 쏟아지기 시작했다. 알고 보니 자희는 남편의 폭력에 시달리고 있었다. 모든 것이 완벽해 보여서 다른 엄마들의 부러움을 샀던 그의 몸에는 그간 당한 폭력의 흔적이 선명했다. 폭력이 이루어진 이유는 하나같이 사소했다. 마트에서 장을 보다가 늦게 돌아왔다고, 원하던 맥주 종류가 집에 없다고, 해장국이 짜다고, 아이들이 저녁에 일찍 잠들지 않는다고, 아이들 가정교육을 제대로 못 시켰다고, 자희는 맞았다.

 폭력에 시달리는 동안 자희는 딱 한 번 경찰에게 전화를 걸었다. 남편이 냄비를 던져 식탁 유리가 깨졌고, 술에 살짝 취해 있던 자희는 무슨 일이 일어날지도 모른다는 두려움에 반사적으로 112를 눌렀다. 그런데 막상 경찰이 집으로 오니 남편은 언제 그랬냐는 듯이 침착하고 이성적이었다. 남편은 경찰에게 별일 아니라는 듯 부부 사이에 흔히 있는 단순한 다툼이었다고 말했다.

"그 순간엔 나도 더 이상 뭐라고 해야 할지… 어떻게 말해야 할지 도저히 모르겠더라. 제대로 된 판단이 안 돼서 경찰분들께 그냥 가셔도 된다고 했어. 그냥 그렇게 끝난 거야."

희정은 어떻게든 친구를 돕고 싶었다. 하지만 방법을 몰랐다. '이제 그만하겠지.' '괜찮겠지.' '부부 사이의 일인데 타인이 너무 나서는 것도 좀 그래.'라는 생각이 들다가도, 이러다 큰일이라도 날 것 같았다. 이런 상황에서 당사자가 아닌 지인이 즉각적으로 적절하게 대처하기란 생각보다 훨씬 어렵다.

잠깐의 망설임이었다. 그 사이에 정말 큰일이 일어났다. 거래처와의 일이 제대로 풀리지 않아 술을 잔뜩 마신 남편이 자희와 말싸움을 하다가 공구함에서 망치를 꺼내들었다. 그리고 자희의 머리를 내리쳤다. 습관적 폭력이 시간이라는 지속성을 만나 극단적 폭력이 되었다. 이 끔찍한 상황 속에서 그나마 다행인 순간은 오직 하나였다. 자희가 몸을 돌려 망치의 쇠 부분이 아닌 자루로 맞았다는 것. 오직 그 하나였다. 끔찍한 폭력을 겪은 이상 자희의 마음도 이전과 같을 수 없었다.

나는 희정을 통해서 자희를 만났다. 자희는 더는 결혼 생활을 지속할 수 없다고 판단했고, 우리는 형사 사건과 이혼 사건을 동시에 진행하기로 했다.

"망치로 머리를 찍었는데, 이게 살인미수가 아니면 뭔가요?"

경찰은 처음에는 남편의 혐의를 살인미수로 보지 않았다. 망치로 폭행한 사실은 인정되었지만, 살인의 고의성을 입증하기에는 무리가 있다는 관행적 판단이었다. 실제로 살인죄나 살인미수죄는 '죽이려는 고의' 입증이 핵심인데, 부부 사이 같은 친밀한 관계에서는 고의가 없다고 보는 경향이 강하다. 그래서 수사기관은 이런 사건들을 특수상해나 폭행치상 정도로 처리하는 경우가 많다.

망치를 들고 부인의 머리를 내리쳤다. 그 순간에 자희가 피하지 않았다면 죽음에 이를 수도 있는 사건이었다. 심지어 남편의 폭력은 자희가 모두 기억할 수 없을 정도로 상습적이었다. 폭언과 사소한 폭력에서 시작해 결국 망치를 들기에 이르렀다. 축적된 폭력이 극단적 폭력성을 자극했고, 단 한 번도 사용한 적 없던 쇳덩어리를 꺼내어 다른 곳도 아닌 아내의 머리로 내리친 것이다.

나는 그 남편에게 적용될 죄명이 조금이라도 더 중해지길 바랐다. 자희의 진단서는 물론, 사용했던 망치, 맞아서 생긴 상처 사진 등을 모두 담아 살인미수에 해당한다는 의견서를 작성했다. 의견서를 쓰면서 '어떻게 이렇게 끔찍한 짓을 할 수 있지?'라는 생각에 가슴이 답답했다. 죄는 미워하더라도 사람은 미워하지 말라는 말이 있다. 그 말이 다 소용없게 느껴질 정도였다. 그런 죄를 지은 사람을 어떻게 미워하지 않을 수 있는가? 마땅히 미워해야 하지 않는가? 그런 이유에서 나는 가해자가 기소되기를, 그리하여 공판 과정에서 내가 제출한 의견서를 단 하나도 빠뜨리지 않고 직접 읽기를 바랐다. 그래야 이 사람도 자신이 도대체 무엇을 잘못했는지 최소한 깨달은 척이라도 할 것 아닌가!

이혼 사건은 일사천리로 진행되었고, 자희에게 유리할 수밖에 없었다. 아이들의 양육권도 자희가 가져왔다. 하지만 형사 사건은 마음대로 되지 않았다. 법원이 남편에게 선고한 죄명은 특수상해죄였다. 다른 가정폭력 사건의 본보기가 되기 위해서라도 엄벌을 해야 했건만, 망치를 든 죄라기엔 죄명이 가볍기 그지없었다. 부부사이라 봐주는 느낌마저 들 정도였다. 변호사는 이럴 때 의뢰인에게 고개를 들 수 없어진다. 가해자가 당연히 받았어야 할 벌을 받지 않아 면목이 없었다. 내가 심하게 낙담하자 오히려 자희가 나를 위로했다.

"괜히 변호사님 힘 빠지게 할까 봐, 또 저에게 실망하실까 봐 말 못 했는데요. 저에게 최악의 인간이었지만, 아이들 아빠라는 걸 무시하기는 힘들더라구요. 살인미수 전과보다 상해 전과가 그나마 낫잖아요. 아이들이 자라서 자기 아빠가 엄마를 죽이려 했다는 걸 알게 되면 얼마나 마음이 힘들겠어요. 이제 정말 이혼하고 헤어졌으니 아무런 미련 없어요. 다 받아들였어요. 처벌을 원하지 않는다는 탄원서도 그냥 내주려구요. 이걸로 그 사람과는 끝인 거예요. 앞만 보려고요. 아이들을 잘 키우는 것에만 집중할 거예요. 그냥… 저는 조금 운이 나빴던 거예요."

하지만 나는 알았다. 자희가 진정으로 용서했기 때문이 아니라, 더 이상 그 일에 인생을 묶이고 싶지 않아 하게 된 결정임을. 때때로 피해자는 가해자가 처벌받지 않더라도 하루라도 빨리 그 일에서 해방되고자 한다. 그것은 포기가 아니라 생존의 기술이다.

자희의 엄청난 희생과 양보로, 결국 처벌불원서가 제출되었다. 처벌불원서란 범죄 피해자가 가해자의 처벌을 원하지 않는다는 의사를 표시한 문서이다. 피해자가 "처벌을 원하지 않는다."는 의사를 밝히는 처벌불원서는 가정폭력 사건의 형량 결정에 실제로 강력한 영향을 미친다. 가정폭력 사건은 물론, 대부분의 사건에서 피고인이 감형을 받을 수 있는 가장 강력한 무기이다. 피해자의 용서는 양형에서 가장 중요한 요소이기 때문이다. 이로써 자희의 인생에 가시와 같았던 전 남편은 운 좋게 최종적으로 집행유예 판결을 선고받았다.

의뢰인 앞에서는 절대 감정을 드러내지 않으려고 노력한다. 긍정이건 부정이건, 슬픔이건 기쁨이건, 나의 감정이 의뢰인에게 어떻게 받아들여질지 예측할 수 없기 때문이다. 내 한마디, 내 행동 하나에 희망의 끈을 움켜잡았다가, 어느 순간 또 한없이 무너질 수도 있는 이들이 내가 만나는 피해자들이다. 물론 나는 여전히 감정 숨기기에 능숙하지 않다. 얼굴이나 말투로 세밀한 감정이 묻어나는 치명적 약점을 고치지 못했다. 그래서 자희의 말이 더 무겁게 다가왔다. 철저한 가정폭력 피해자인 자희의 감정 층위를 제대로 읽지 못했던 나를 돌아보게 했고, 무엇이 과연 가정폭력 피해자에게 필요한 것인가를 고민하게 만들었다.

가정은 어떻게 보면 지극히 개인적인 공간이다. 각자의 가치관을 가진 개인이 모여 가정을 구성하고, 가정마다 보이지 않는 저마다의 가치관을 형성한다. 하지만 나는 이렇게 생각한다. 그 가치가 잘못되었고, 가족 구성원 중 누군가가 피해를 입는다면 이미 그곳은 사적인 공간으로 작동하지 않는 것이다. 우리는 가정이 안락하고 평화로워야 한다고 배운다. 생각해 보면 현실이 그렇지 않기 때문에 주입되듯이 그렇게 배우는 것이다. 가정을 단순히 개인적이고 사적인 공간으로만 치부해, 국가의 개입을 철저히 차단해야 한다는 전제는, 가정에 문제가 없거나 문제를 해결할 역량이 있을 때만 가능하다.

전 세계적으로 국가 형벌권과 공권력은 가정집 담장을 넘어서는 안 된다는 인식이 오래 이어졌다. 특히 우리나라는 국가가 가정에서 일어나는 가정폭력에 개입하기 시작한 역사가 그리 길지 않다. 형벌권을 행사할 정도의 범죄도 아니고, 공적이고 중요한 문제도 아니라고 생각했기 때문이다. 누군가가 피 흘리고 죽어 나가도 가정에서 일어나는 일이라는 이유로 사소하게 치부되었던 시간이 길어도 너무 길었다.

자희의 말처럼 단순히 운이 나빠서 가정폭력 피해자가 되었을까? 가정폭력도 엄중히 처벌될 수 있고, 불이익이 따르는 범죄라는 인식이 우리 모두에게 자리 잡혀 있었다면 달랐을 것이다. '불운'을 완전히 제거할 수는 없어도 강도를 조정할 수는 있었다. "운이 나빴다."라는 생각은 자희 나름의 생존법이다. 그렇게 하지 않으면, 단순한 불운으로 받아들이기를 거부한다면, 맞서야 할 것이 너무나도 많기 때문이다. 자희 역시 그렇게 현실과 타협한 것이다.

"법은 가정집 문지방을 넘지 않는다."라는 낡은 법언을 극복하고, 1997년 12월 13일, 법은 가정폭력을 범죄로 인식했다. 가정폭력 범죄 처벌에 대한 특례를 규정한 특별법인 「가정폭력범죄의 처벌 등에 관한 특례법」(약칭: 가정폭력처벌법)이 최초로 제정되었다. 법 제정 전에는 지속적인 폭력으로 가정폭력 피해자가 사망하거나, 가정폭력 피해를 견디지 못하고 가해자를 살해하는 극단적 사건이 자주 발생했다. 그로 인해 사회와 국가가 가정폭력 문제에 적극 개입해야 한다는 여론이 증가하면서 법이 만들어졌다.

청년기를 훌쩍 지난 이 법률은 가정폭력을 제대로 인식하고 있을까? 한 법률이 왜 만들어졌는지, 무엇을 지향하는지를 확인하기 위해서는 제1조에 규정된 입법 목적 조항을 보면 된다. 1997년 처음 제정될 당시 이 법률의 입법 목적은 다음과 같다.

> 가정폭력범죄의 형사처벌절차에 관한 특례를 정하고 가정폭력범죄를 범한 자에 대하여 환경의 조정과 성행의 교정을 위한 보호처분을 행함으로써 가정폭력범죄로 파괴된 가정의 평화와 안정을 회복하고 건강한 가정을 육성함.

최초의 입법 목적에는 피해자가 존재하지 않았다. 오직 가정을 유지하는 데에만 관심이 있었다. 2011년에는 입법 목적 조항이 개정되면서, 말미에 "피해자와 가정 구성원의 인권을 보호함을 목적"으로 한다고 명시해 법률이 피해자에게 처음으로 관심을 가졌다.

이번에는 이렇게 질문해 보자. 가정폭력 피해자의 상황은 크게 나아졌을까? 여전히 누군가는 가정폭력을 당하고, 누군가는 죽는다. 자희와 유사한 폭력을 경험한 피해자들이 사법적으로 살인미수죄의 피해자로 인정받는 사례가 종종 언론에 등장한다. 그렇다면 특수상해죄가 아닌 살인미수죄의 피해자로 인정받은 이들의 삶은 더 나아졌는지 묻지 않을 수 없다. 경찰청 자료에 따르면 2023년에 발생한 가정폭력 건수는 23만 80건, 매일 632건의 가정폭력이 발생했다. 실제 구속 비율은 0.19퍼센트에서 0.25퍼센트에 불과한 수준이었다. 지난 1년간 배우자 또는 파트너에 의한 신체적·성적·정서적·경제적 피해를 경험했다고 응답한 비율을 27.5퍼센트였다.○ 매년 신고 건수는 20만 건을 넘지만, 검거율은 20퍼센트를 넘지 못하고, 구속되는 비율도 1퍼센트의 문턱을 넘지

○   여성가족부,「가정폭력실태조사」, 2022, 2024.10.07., 지난 1년간 배우자/파트너에 의한 폭력 피해 경험, https://kosis.kr/statHtml/statHtml.do?orgId=154&tblId=DT_154011_23AA030200&conn_path=I2

못하는 것이 현실이다.○ 가정폭력 범죄는 현실적으로 신고를 망설이는 피해자들이 많기 때문에, 통계에 포함조차 못 한 피해자의 수가 상당하다. 그들이 법의 보호를 받고 있다고 보기에는 역시 어려움이 있다.

국가가 적극적으로 개입해 가정폭력 문제를 해결하려 했던 「가정폭력처벌법」이 궁극적으로 지향하는 바는 여전히 과거와 같다. 파괴된 가정의 평화와 안정의 회복. 가정폭력 피해자와 가족 구성원들의 인권 보호보다 가정의 회복이 우선이다. 이 가정 유지의 이데올로기에서 법률이 벗어나지 못하는 한 결코 가정폭력은 줄어들지 않는다. 고통받는 피해자들은 계속 증가할 것이다. 가정 유지의 이데올로기에서 벗어나, 가정폭력 가해자들에 대한 확실한 처벌과 재발 방지, 피해자 보호에 진심을 다해야만 문제 해결의 실마리를 찾을 수 있다. 가정의 행복, 평화, 안정, 사적인 영역을 부인하자는 이야기가 아니다. 가정에서 폭력이 발생한 순간부터 가정은 더 이상 사적인 공간이 아니라는 뜻이다. 폭력의 발생 장소가 어디든 폭력 행위자는 똑같은 법률의 잣대로 자신의 행위에 합당한 책임을 져야 한다. 법률이 좋아하는 '건강한 가정'은 폭력과 공존할 수 없다. '가정 유지'에 진심인 「가정폭력처벌법」의 모습도 피해자

○ 경찰청, 「가정폭력 검거 및 조치 현황」, 공공데이터포털, https://www.data.go.kr/data/15037060/fileData.do?recommendDataYn=Y

의 권리를 강화하고, 가해자를 제대로 처벌하는 방향으로 바뀌어야 한다.

피해자의 피해 정도나 회복 상태, 피해 감정을 읽지 않고, 피해자의 형식적인 처벌불원서의 제출만으로 피고인을 무조건 감형하는 재판 관행은 사라져야 한다. 재판뿐만 아니라 수사 단계에서도 마찬가지이다. 피해자의 '당장의 감정'이 아니라 '축적된 위험'에 법이 반응해야 한다. 경찰 단계에서부터 상습적인 가정폭력의 패턴을 파악하고, 위험성 판단에 대한 분석을 더욱 실질적이고 면밀하게 하는 방식의 변화가 필요하다.

●

모든 사건이 다 끝난 후 자희는 나에게 직접 만든 꽃무늬 약과를 보내왔다. 정말 너무 예뻐서 먹기가 아까웠다. 한참을 바라보다 조심스레 하나를 입에 넣었다. 모양보다 맛이 훨씬 더 예뻤다. 폭력에서 벗어난 자희는 음식 만들기를 통해 스스로를 치유하는 법을 찾았다.

사실 가정폭력 피해자들은 전화로 상담을 시작하는 경우가 많다. 직접 변호사 사무실까지 찾아오려면 생각보다 훨씬 큰 용기와 결단이 필요하다. 그리고 그들을 마주하는 법률 상담은 나에게도 단순한 법률적 조언을 주는 시간 이상의 의미를 가진다. 이들이 폭력에서 벗어나 다시 살아갈 수 있을지, 그 마음은 단단한지, 앞으로 무엇을 해야 할지, 모든 것을 함께 고민해야 하기 때문이다.

　가정폭력 사건도 여느 사건처럼 아무렇지 않게 법률 상담을 받을 수 있는 날이 오기를 바란다. 이 일이 단지 내가 운이 없어서 벌어진 일이 아니라고, 결코 사소한 일이 아니라고, 무엇보다 내 잘못이 아니라고 믿을 수 있기를 바란다. 깨진 삶의 조각을 다시 이어붙일 용기가 더 많은 피해자에게 닿기를 바란다. 기름에 튀기고 조청에 재워지는 시간 속에서 점성이 깊어진, 그래서 결코 쉽게 조각나지 않는 자희의 약과처럼 말이다. 폭력은 자희의 삶을 부쉈지만, 그는 다시 섬세하게 붙여내는 방식으로 살아간다. 그리고 그 치유의 방식은 법이 주지 못한 안정감, 제도가 미처 닿지 못한 연대에서 비롯되었다. 법이 하지 못한 일을 삶이 해내는 순간이었다. 그의 삶은 법 제도의 한계를 고스란히 증명하면서도, 그 너머의 복원과 치유의 가능성을 보여준다. 피해자의 회복을 도와야 할 법이 오히려 피해자에게 책임을 묻는 방식으로 작동하지 않도록, 우리는 자희의 이야기를 두고두고 떠올려야 한다.

참고 판례
　- 대법원 2025. 1. 23. 선고 2024두33556 판결

　가정폭력은 매우 사적이고 은밀한 성격을 띠고 있어 잘 노출되지 않는 특성이 있을 뿐만 아니라 반복적이고 지속적인 양상을

보이는 경우가 많고, 지속적인 폭력에 노출되어 무기력해진 상태의 피해자는 가해자의 폭력을 자신의 책임이라고 느끼거나 가정구성원과의 관계 악화 또는 가정 해체에 대한 공포와 불안감으로 인해 심각한 폭력 상황을 감수하려는 성향을 보이기도 하며, 피해사실을 진술하는 데 소극적인 경우가 많다. 또한 가정구성원 간의 폭언, 욕설, 조롱, 모욕 등과 같은 언어적 · 정서적 학대는 그 자체로도 가정폭력에 해당할 뿐 아니라 언제든지 신체적 · 재산적 피해를 수반하는 범죄행위로 이어질 수 있다. 그러므로 가정폭력의 징후가 발견된 초기에 국가의 적절한 대응 조치가 취하여지지 않으면 그에 따른 피해는 점차 심각해질 위험이 있다.

국민참여재판은 피해자에게 유리할까?

"변호사님, 피고인이 국민참여재판을 신청했어요. 저 정말 너무 힘들고 끔찍해요. 그냥 일반 재판으로 진행할 수는 없을까요? 여기서 그만 포기하고 싶어요."

성범죄로 기소된 피고인이 국민참여재판을 신청하면, 많은 피해자가 낙담한다. 부모에게도, 친구에게도, 가까운 누구에게도 자신의 피해 사실을 말하지 못한 경우에는 재판 자체를 포기하고 싶어 할 만큼 좌절한다. 이미 수사기관에서도 진절머리 나도록 피해 사실을 진술했는데, 같은 과정을 법정에서 또 거쳐야 하니 괴로울 수밖에 없다. 피해 당시의 상황을 끊임없이 복기하는 것만으로도 심리적 부담감이 상당하다. 그런데 지역사회 주민들인 배심원들 앞에서 또 이야기해야 하니 잔인할 만큼 가혹하다. 그렇다면 국민참여재판은 어떤 제도이기에 피해자에게 이토록 가혹한 걸까?

국민참여재판 제도는 사법의 문을 국민에게 조금 더 열어보려는 시도이다. 사법의 민주적 정당성을 높이기 위해 도입된 제도이기도 하다. 입법부와 행정부는 국민의 선거를 통해 정당성을 부여받지만, 사법부는 그렇지 않다. 대신에 외풍에 흔들리지 않는 독립성을 핵심 가치로 삼는다. 헌법 제103조에서 법관은 오직 헌법과 법률에 따라 양심적으로 재판해야 한다고 명시하고 있다. 그러나 시대가 변하며 사법부 역시 국민의 신뢰를 얻기 위해 민주적 정당성을 확보하려는 노력을 할 수밖에 없었다. 국민의 신뢰 없이는 권위도, 독립성도 견고하게 유지될 수 없기 때문이다. 이런 노력의 결과물로 국민참여재판 제도가 2008년 1월 1일부터 시행되었다.

국민참여재판 제도는 일반 국민이 형사재판에 직접 참여할 수 있게 한 제도이다. '배심원 재판'으로도 불린다. 평범한 시민들이 배심원이 되어 재판에 몰입하고, 논의하고, 판단하고, 결론을 이끄는 모습을 우리나라에서 볼 수 있게 된 것이다. 제도 초창기에는 나 역시 그 변화가 꽤나 신선하고 흥미롭게 느껴졌다.

취지는 좋다. 그런데 국민참여재판 제도가 성범죄 재판에 적용되면, 피해자에게는 가혹해도 너무 가혹한 과정이 된다. 피해자를 돕는 변호사 역시 법정에서 변론할 수 있는 권리의 한계를 처절하게 체험하니, 피해자는 더하다. 피해자는 국민참여재판에서 형사소송의 당사자가 아니라는 것을 절실히 느끼기 때문이다. 그게 무슨 뜻이냐고? 형사재판에서의 '당사자'란 검사(국가)와 피고인(가해자)을 말한다. 피해자는 증인 또는 피해자의 위치에 있을 뿐, 직접 소송을 이끌거나 발언권을 갖는 당사자가 아니다. 즉, 형사소송은 국가와 피고인의 싸움이지, 피해자와 피고인의 싸움은 아니다. 국민참여재판 진행 시 피해자는 낯선 사람들 앞에서 증인으로서 피해를 아주 구체적으로 진술해야 한다. 하지만 당사자로서의 발언권은 사실상 없다. 국민의 사법 신뢰를 얻고자 만들어진 제도가, 역설적으로 피해자의 사법 불신으로 이어진다. 법의 마음은 이런 것이 아니었을 텐데 말이다.

●

실제로 이 제도 속에서 피해자가 겪는 고통의 무게를 가늠하기 어렵다. 나는 채영이라는 의뢰인을 통해 그 현실을 직접 마주할 수 있었다. 채영은 엘리트 코스를 밟은 촉망받는 무용수였는데, 대학교 교수로부터 강제추행 피해를 입고 고소를 진행했다. 그 이후 무려 3년이라는 지난한 수사 과정을 거쳐, 마침내 가해자를 법정에 세웠다. 고소를 진행하기 위해 처음 만났을 때 채영은 스트레스로 앙상하게 말라 있었다. "어디 아픈 건 아니죠?" 내가 건넨 첫인사였다. 괴로운 시간을 지난 것이 표면적으로도 드러났다.

사건 자체는 상당히 간명했다. 교수와 제자 사이에 흔히 발생하는 권력형 성폭력이었다. 권력형 성폭력은 일회성 피해보다는 지속적이고 일상적으로 벌어지는 경우가 많다. 또 교수와 제자가 가진 권력이 극단적으로 다르고, 관계 자체가 평등하지 않으며 불균형하다. 이런 이유로 피해자는 자신이 입은 피해를 입증하기 어렵다.

채영은 단 한 번의 추행 피해를 입었다. 다행인 것은 피해 사실을 입증할 수 있는 문자 메시지와 진술을 뒷받침할 여러 정황 증거를 잘 보관하고 있었다. 다만, 채영을 만난 당시 피해일로부터 이미 2년이 경과한 상황이라, 고소를 진행하는 것이 내심 걱정되었다. 시간이 경과한 만큼 수사기관이 확보할 증거도 소실되었을 가능성이 크고, 무엇보다 시간이 지날수록 피해 사실을 상기하고 자세하게 이야기하는 것이 당사자에게는 힘든 일이 되기 때문이다.

고소장은 우편 또는 변호사 사무실 직원을 통해 민원실에 접수할 수도 있다. 하지만 고소장이라는 서류만으로 전달되기 어려운 말과 감정이 분명 존재한다. 채영의 사건 고소장을 접수할 때는 왠지 직접 경찰서로 가서 간략한 설명이라도 해야 할 것 같았다.

고소장을 접수할 여성청소년수사팀은 경찰서 4층에 있었다. 4층까지 단 한 번을 쉬지 않고 헉헉거리며 올라갔다. 숨도 제대로 고르지 못한 채 수사관에게 고소장을 건넸다. 이전에 다른 사건으로 몇 번 만나 안면 있던 수사관이었다. 특별한 친분은 없었고, 이렇게 직접 고소장을 들고 가 대화를 나눈 것도 처음이었다. 고소장을 심각한 표정으로 살펴보는 수사관에게, 채영이 입은 피해 사실을 이해하기 쉽도록 브리핑했다.

"변호사를 통해 고소장을 받아보는 건 처음이네요."

 피해자들을 주로 다루다 보면 사건 하나하나에 마음이 간다. 나는 내 마음의 무게를 조금이라도 덜고, 내 마음이 더 잘 닿을 수 있게 종종 직접 고소장을 접수하는데, 그것이 그 경찰 수사관에게는 다소 생소하게 다가온 모양이었다. 수사관과는 다양한 이야기를 나눌 수 있었다. 채영의 피해 사실과 고소가 늦어지게 된 경위, 현재 채영의 상태 등이 무리 없이 전달되었다. 나를 대하는 태도, 특히 상대방의 말을 경청하는 눈빛을 보니 사람을 제대로 대할 줄 아는 경찰이라는 생각이 들었다. 하나의 허들을 넘은 기분이었다. 고소인이자 피해자가 넘어야 하는 첫 번째 허들, 바로 좋은 경찰을 만나는 것이었다.
 경찰에서는 사건을 혐의가 있다고 판단해 기소 의견으로 검찰에 송치했다. 사건이 검찰로 송치된 후 몇 번 더 경찰로 사건이 보내져 보완 수사를 진행했다. 비교적 소통이 원활했던 경찰과는 다르게 검찰 수사는 피해자 입장을 전혀 고려하지 않는 형태로 진행되었다. 검사나 검찰 수사관과 전화, 소통하는 것 자체가 힘들었다. 어렵게 통화가 되면 '수사 중'이라는 대답만 반복되었다. 어떤 수사가, 어떻게 진행되는지 알 수 없었다. 그러던 중에 사건은 다시 경찰로 내려와 부족한 부분을 보완하라고 했다. 채영과 나는 경찰에 재차 출석해 문제되는 부분을 다시 진술하고, 또 진술했다. 어제와 똑같은 말을 반복해야 했고, 그 말을 반복할 때마다 어제가 다시 오늘이 되었다. 그럼에도 채영은 말 그대로 성실히 임했다.

검찰의 수사가 장기화될수록 답답함도 커졌다. 수사가 길어지면 의뢰인은 물론이고 나도 거의 자포자기 상태가 된다. 그러던 중 이 사건은 언론에 먼저 보도되었다. "유명 대학 교수의 성폭력"이라는 타이틀로 보도된 언론의 위력인지, 수사 과정에서의 단순한 시기적 우연인지 모르겠지만, 언론 보도 후 한 달 만에 검찰 수사가 끝났다. 가해 교수는 피의자에서 피고인의 신분이 되어 재판으로 넘겨졌다. 수사 기간 내내 아무런 연락도 없던 검찰 수사관이, 언론 보도 후 채영에게 일종의 안부 전화를 해오기도 했다.

나와 채영은 그제야 조금 숨통이 트이나 싶었다. 하지만 안도감은 그리 오래가지 않았다. 가해 교수에 관한 첫 재판이 열리던 날, 나는 시간 맞추어 서둘러 법정으로 향했다. 몇 년씩 채영을 괴롭힌, 채영을 통해서만 듣던 교수의 모습이 궁금했다. 여러 명의 변호인과 출석한 교수는 의기양양해 보였다. 판사를 향한 얼굴에는 억울함이 가득 묻어났다. 교수는 자신의 억울함을 피력하더니 이 사건을 배심원을 통해서 재판받아야 한다고 주장했다. 그날 교수는 국민참여재판을 신청했다.

●

형사재판에서 국민참여재판을 신청할 권리는 피고인에게 있다. 그리고 법원은 반드시 피고인에게 국민참여재판 희망 의사를 물어야 한다. 예외적으로 법원이 피고인의 신청을 받아들이지 않는 경우에는 몇 가지 사유가 있다. 그중 하나가 성폭력 범죄로 인한 피해자 또는 법정대리인이 국민참여재판을 원하지 않는 경우이다. 2016년 전까지만 해도 성범죄 사건은 피고인이 국민참여재판을 희망하더라도 피해자가 적극적으로 거부 의사를 밝히면 국민참여재판 배제 결정이 내려졌다. 그런데 2016년 3월, 대법원이 성범죄 피해자라도 단순히 국민참여재판을 원하지 않는다는 이유로 국민참여재판을 하지 않는 것은 바람직하지 않다는 판결을 선고했다.

> 국민참여재판을 도입한 취지나 국민참여재판을 받을 피고인의 권리 등에 비추어 볼 때, 피고인이 국민참여재판을 원하는 사건에서 (중략) 배제결정을 하기 위해서는 성폭력범죄 피해자나 법정대리인이 국민참여재판을 원하지 아니하는 구체적인 이유가 무엇인지, 피고인과 피해자의 관계, 피해자의 나이나 정신상태 (중략) 등 여러 사정을 고려하여 신중하게 판단하여야 한다. 따라서 이러한 사정을 고려함이 없이 성폭력범죄 피해자나 법정대리인이 국민참여재판을 원하지 아니한다는 이유만으로 국민참여재판 배제결정을 하는 것은 바람직하다고 할 수 없다.
> — 대법원 2016. 3. 16.자 2015모2898 결정

그 이후 피해자의 나이나 구체적 사정을 따져 국민참여재판의 진행 여부를 판단하게 되었다. 사실상 피해자가 원하지 않는다는 이유만으로는 국민참여재판 진행을 막을 수 없게 되었다. 채영

의 현재 상태, 이 사건으로 인한 극도의 스트레스, 피고인과 피해자의 권력관계 등의 사유로 국민참여재판 진행을 반대하는 의견서를 제출했지만, 받아들여지지 않았다.

채영의 사건은 그렇게 국민참여재판으로 진행되었다. 재판 기일이 열리기까지 교수 측은 '피고인의 방어권'이라는 훌륭한 무기로, 채영이 친한 친구와 나눈 문자 메시지, 수년간의 통화 내역, 진료 기록까지 각종 개인정보를 모두 확보했다. 재판이 시작되기도 전에 채영의 모든 것은 이미 탈탈 털린 것이다. 채영이 할 수 있는 건 아무것도 없었다.

이틀간 진행된 국민참여재판은 증인신문에 대부분의 시간을 할애했다. "양심에 따라 숨김과 보탬이 없이 사실 그대로 말하고 만일 거짓말이 있으면 위증의 벌을 받기로 맹세합니다." 채영은 진실만을 말할 것을 선서한 후 증인의 신분으로 자신의 사건에 임해야 했다. 성폭력 범죄 피해자는 재판부에 자신의 증언이 사건과 무관한 외부 방청객에게 공개되지 않도록 해달라고 신청할 수 있다. 나는 이 신청 여부를 증인신문 직전까지도 고민했다. 피해자라면 여러 이유로 숨고 싶은 것이 당연하다. 하지만 숨고 싶지 않을 때도 있다. 힘들수록 더 당당하게 자신의 이야기를 하고 싶을 수도 있다. 채영에게 조심스럽게 비공개 신청 없이 공개적으로 증언하는 것이 어떻겠냐고 물었다. 큰 기대 없이 뱉은 말이었다. 그런데 채영은 단번에 수락했다. 마치 내가 이 말을 먼저 해주기를 기다렸던 것처럼 말이다.

"다 공개해요. 숨을 이유도 없고, 숨길 사실도 없어요. 오히려 많은 사람이 제 이야기를 들었으면 좋겠어요."

작은 목소리로 말했지만 울림은 대단했다. 채영은 나뿐만 아니라 채영을 지지하기 위해 법정에 나온 피해자 지원 단체 활동가들 등 여러 사람의 응원을 받았다. 법정에서 채영을 열렬히 응원했던 사람 중에는 내가 진행 중이었던 친족 성폭력 사건의 피해자 설아도 있었다. 나에게 환한 웃음으로 인사를 건네는 설아를 순간적으로 알아보지 못했다. 설아가 여기 있을 리 없다고 생각해서였다. 의외의 장소에서 만나 순간적으로 당황한 나를 보며, 설아는 "변호사님, 화이팅!"이라고 있는 힘껏 응원했다. 설아는 다음 달 자신의 재판의 첫 공판 기일을 앞두고 있었다. 이 법정에 방청하러 온 그 누구보다도 설아의 마음이 복잡했을 것이다. 그럼에도 불구하고 나까지 자연히 밝아지는 설아의 응원을 받으니 든든했다. 채영에게도 그 응원이 전해지길 바랐다. 여러 연결 고리 속에 나와 채영, 그리고 설아까지 함께한다는 생각이 들어 알 수 없는 기운을 느꼈다. 형언하기 어려운 연대감을 느꼈다. 법대에 올라가 있는 피해자 변호사는 나 한 명이었지만, 혼자는 아니었다. 채영의 용기 있는 선택, 설아를 비롯한 여러 사람들의 응원, 이 모든 것이 물거품이 되지 않아야 했다.

법정의 공기는 퍽퍽했다. 모든 것이 인공으로 가득 찬, 빛 한 줄기 들어오지 않는 네모반듯한 공간에 온기를 기대하기는 어려웠다. 판사들이 들어오면 자동으로 일어나 인사를 한다. 항상 해왔던 법정에서의 리츄얼이 낯설게 느껴졌다. 이걸 꼭, 왜, 해야만 하나? 문득 10년 전, 방청석에서 재판 순서를 기다리며 다리를 꼬고 있던 나를 보고 법정 경위가 다가와 "다리를 풀어 앉아라." 하고 지적했던 기억이 떠올랐다.

    피고인 측이 채영에게 한 증인신문은 예상했던 대로 처참했다. 도대체 저런 질문을 왜 하는가? 저의가 의심스러운 내용부터 사건과 무관한 것에 이르기까지 본질을 흐리려는 시도에 답답함만 커졌다. 수준 낮은 질문을 해놓고 피해자를 흔드는 날카로운 질문이었다고 만족했을까? 그중 가장 어이없었던 질문은 채영이 앙상하게 마른 이유에 관한 것이었다. 채영은 성폭력 사건의 피해를 입은 적이 없으므로 살이 빠질 이유가 없고, 살이 빠진 이유는 사건과 무관하다는 논리를 구축하고 싶었던 것 같다. 피고인의 변호인은 "그 당시 운동도 많이 하고 다이어트를 하지 않았습니까?" 하고 물었다. 나도 모르게 법정에서 웃음이 터졌다. 채영은 이 사건 이후 극도의 스트레스로 급격히 살이 빠졌고, 이는 수사과정에서 몇 번씩 다루어진 내용이었다. 물론 큰 사건을 겪는다고 누구나 살이 빠지는 것은 아니다. 누군가는 살이 찔 수도 있고, 몸무게가 그대로일 수도 있다. 어떻게 보면 채영의 개인적 체질, 스트레스 대응 방식의 영향도 있었겠지만, 근본적 원인은 명확했다. 그런데 가해 교수 측은 살이 빠진 이유까지 하나하나 트집을 잡으며, 채영의 피해는 거짓임을 입증하려 했다. 채영의 모든 말, 행동, 생각에 생채기를 내려고 했다. 피고인의 변호인은 사뭇 진지하고 엄중한 태도로, 채영에게 당시 어떤 운동을 했는지, 다이어트 방식에 대한 디테일한 이야기를 하기 시작했다.

인생은 멀리서 보면 코미디라더니 그 말이 맞았다. 정말 하늘 끝 어디선가 지금 열리는 재판을 내려다보면 참 우습게 느껴지겠다는 생각이 들었다. 채영의 바로 곁에 있느라 지나치게 가깝게 느껴졌던 사건을 조금이라도 떨어져서 볼 수 있는 사치스러운 여유를 느꼈다. 코미디도 이런 코미디가 없었다. 이 우스운 걸 더 많은 사람이 봐야 할 텐데. 방청석에 사람들이 꽉 차 있지 않아서 아쉬울 정도였다.

기분이 좋아야 할지 나빠야 할지 모를 질문도 있었다. "피해자 변호사가 왜 똑똑해야 하죠?"라는 피고인 변호인의 질문이었다. 채영이 친구와 SNS로 내 이야기를 하면서 "우리 변호사 똑똑해."라는 말을 했는데, 그 문장을 문제 삼은 것이다. 마치 피해자 변호사와 짜고 이 사건을 시작한 거 아니냐는 뉘앙스가 깔린 질문이었다. 내가 뻔히 법정에서 다 듣고 있는데도 나를 없는 사람 취급하며 채영에게 질문하는 피고인의 변호인을 보니 순간 화가 들끓었다. 변론 과정에서 지켜야 할 보이지 않는 선을 넘는 것처럼 느껴졌다. 하나부터 열까지 피해자의 언행을 지적하는 것은 나의 전투력을 올렸다.

피고인 측은 채영이 억만금의 합의금을 노리고 접근한 것처럼 유도했다. 가해 교수는 무고하고 덫에 걸렸다고 주장하려는 속셈이었다. 그러니 그들은 채영을 '이상하고 미친 여자'로 만들어야 했다. 최소한 국민참여재판이 진행되는 순간, 배심원들에게 채영을 이상한 여자로 보이게 하려는 것. 아주 이상한 행동을 하는, 평범하지 않은, 다른 의도가 있어 교수를 고소한, 평소에도 품행에 문제가 많은, 돈이 목적인 나쁜 년처럼 보이게 만들 생각이었다. 피해자는 믿을 수 없는 사람이므로 피해 진술 자체에도 신빙성이 없으며, 이 사건은 유죄 입증이 충분히 되지 않았으므로 무죄라는 결론에 이르고 싶은 것이다.

채영의 사건뿐만 아니라 국민참여재판으로 진행되는 대부분의 성범죄 재판은 이렇게 진행된다. 배심원들 앞에서 피고인 측의 짜증 나는 질문에 모두 답해야 하는 성범죄 피해자들은 당연히 이 절차가 싫을 수밖에 없다. 피해자는 자신의 피해를 재판에서 이야기해야 한다. 그래야 재판이 진행될 수 있다. 그리고 이는 형사사법 절차를 존중하고 협조하는 일이고, 증인의 지위에서 당연히 해야 하는 일이다. 여기까지는 이해한다. 그렇지만 이 이야기를 이런 방식으로, 배심원들 앞에서 공개적으로 해야만 하는 것인지는 의문이 든다.

성범죄 피해자들이 국민참여재판을 싫어하고, 신뢰하지 못하는 결정적인 이유가 물론 심리적 요인만은 아니다. 통계로도 일부 확인할 수 있는 사실인데, 성범죄 사건을 일반 형사재판이 아닌 국민참여재판으로 진행할 경우 무죄율이 현저히 높아진다. 2020년 기준, 일반 재판에서 성범죄 무죄율이 3.7퍼센트인데 반해, 국민참여재판에서는 무죄율은 무려 15배가 넘는 47.8퍼센트였다. 2020년만의 통계도 아니었다. 지난 10년간 국민참여재판으로 진행된 성범죄 무죄율은 일반 재판으로 진행된 성범죄 재판보다 무려 10배 이상 높았다(법원행정처 국회 제출 자료). 2008년부터 2020년까지 강력 범죄(살인·강도·상해·성폭력 등)의 국민참여재판 무죄율을 비교한 자료에 의하면, 살인 1.68퍼센트, 강도 8퍼센트, 상해 6.24퍼센트의 무죄율에 비하여 성범죄는 무려 21.88퍼센트의 무죄율을 기록했다.° 엄청난 수치이다. 검사가 애초에 무죄가 될 사건을 잘못 기소했고, 하필 그것이 국민참여재판으로 진행되어 무죄율이 높은 것일까? 그렇게 해석하기에는 그 비율이 너무 높다.

국민참여재판은 배심원 구성원에 따라 보수적 인식이 반영되기 쉽다. 또한 법정 외부의 미디어나 성범죄 통념이 무의식적으로 배심원들의 판단에 작용할 수 있다. 일반 재판보다 무죄율이 높으면 피고인 입장에서는 밑져야 본전이기에, 이 절차를 선호하지 않을 이유가 없다. 피고인을 변호하는 변호인 입장에서도 나쁠 게 없다. 국민참여재판은 하루이틀 만에 복잡한 사건을 다 끝내야 해서 수임료도 일반 사건보다 높고, 비교적 단기간에 사건이 다 끝난다는 엄청난 장점을 가지고 있기도 하다.

○ 사법정책연구원, 「성폭력 범죄의 특수성과 국민참여재판에서의 배심원 지침에 관한 연 보고서」, 2022.

국민참여재판에서는 성범죄 통념과 편견이 잘 드러난다. 흔히 강간 통념이라고 하는 이 통념이 법정에서 그대로 적용된다. 법정은 우리 사회의 통념이 가장 집약적으로 표출되는 공간이다. 단순히 법률과 법리만 지배하는 곳이 아니다. '성범죄를 당한 피해자는 이렇게 행동할 거야.' '어떻게 그런 행동을 하는 게 피해자야?' '성범죄 피해자라면 그럴 수 없지.' '저런 사람이 피해를 당했다는 사실을 믿기 어렵네.' 우리 의식 속에 확고하게 자리 잡은 성폭력 피해자의 완벽한 상에서 조금이라도 벗어나기 시작하면, 흔들리게 된다. 예상했던 바와 다르면 피해자를 믿기 어려운 사람이라고 인식한다. 피해자가 말한 피해 경험과 진술에도 신빙성을 부여하기 어려워진다. 의심하기 때문이다. 이런 잘못된 통념을 툭툭 건드리면 형사재판과 증거, 법리와 무관한 삶을 살아왔던 배심원들은 피고인 측이 의도한 방향으로 전도될 가능성이 높다. CCTV 녹화본처럼 눈에 보이는 증거만을 증거라고 여기며 피해 진술을 무가치하다고 생각하는 증거에 대한 몰이해, 형사재판에 대한 생소함, 아무런 문제가 없는 완전무결하게 순수한 피해자만을 피해자로 인정하는 성범죄 통념은 국민참여재판에서 자주 활용된다. 재판 과정에서 피해자를 '못 믿을 인간이자 문제 있는 여자'로 낙인찍는 피고인 측의 전략에 배심원들도 서서히 빠져든다.

　피고인 측의 낙인 전략을 형사소송의 당사자인 공판검사가 열심히 깨고 맞서 싸워야 한다. 그런데 피해자 입장에서는 바라보기만 해야 해서 답답하고, 못마땅하다. 답답해 죽겠는데 어떤 말도 할 수 없는 경우가 많다. 피해자는 질문에 답하며 자신의 이야기를 이어갈 뿐, 그 과정에서 주체성을 부여받기는 어렵다. 적극적으로 질문할 수도, 의문을 제기하기도 힘들다. 피해자 변호사 역시 마찬가지이다. 피해자 변호사는 법정에서 피해자가 가지는 것 이상의 권리를 가질 수 없다. 앞서 잠깐 언급했듯이 형사소송 자체가 검사와 피고인이 당사자가 되어 싸우는 구조이다. 피해자는 피고인의 방어권보다 실현할 수 있는 권리의 정도가 상당히 낮다. 재판 과정에서 피해자 변호사에게 확인하면 금방 사실 관계를 알 수 있는 부분이 있어도, 자유롭게 말할 수 없다. 하지만 어떤 재판보다 피해자 변호사가 반드시 있어야 하는 곳이 국민참여재판이다. 분명 피해자가 존재하건만, 피해자가 지워질 수밖에 없는 형사소송 속에서 피해자의 존재를 끝까지 각인시키는 역할을 수행해야 한다.

국민참여재판의 배심원은 일반 형사재판과 달리 오직 법정에서의 구두 변론과 현출되는 증거를 토대로 사건을 평의하고 결론의 일종인 평결을 내린다. 나는 채영의 사건에서 이 부분을 노리기로 했다. 피해자 변호사에게 의견 진술권이 무한정 인정되지는 않더라도, 뭐라도 지껄여 배심원들 귀에만 들어가면 되는 것 아닌가? 배심원들도 사람인데 들은 것을 안 들은 것으로 취급하기는 어렵다.

그런 이유에서 나는 중간 중간 재판부의 허가를 구해 의견 진술을 했다. 그리고 가장 마지막 순간이 왔다. 재판부는 변론을 종결하려 했다. 나는 그 직전, 피해자 변호사로서 마지막으로 의견을 말할 기회를 달라고 요청했다. 재판장의 반응은 단호했다. 불쾌하다는 감정이 얼굴에 드러날 정도였다. 그 순간, 공판검사가 나섰다. "피해자 변호사에게도 진술 기회를 주는 것이 필요하다."라고 내게 힘을 실었다. 그럼에도 재판장은 고개를 끄덕이지 않았다. 결국 논의를 위해 몇 분간의 휴정이 선포되었다. 나는 잠시 멈춘 시간 속에서 생각했다. '배심원들은 지금 이 상황을 어떻게 볼까?'

'왜 저 변호사는 말도 못 하게 하나?' '같이 앉아 있는데 왜 의견을 못 내게 하지?' 배심원들의 의문은 어쩌면 나의 발언에 더 귀를 기울이는 계기가 되었을지도 모른다. 휴정이 끝난 뒤, 재판장은 마침내 의견 진술을 허가했다. 그 짧은 결정 하나에 이르기까지 이토록 많은 갈등과 설득이 필요하다는 사실이 씁쓸했다. 그래도 말해야 했다. 이 재판에 피해자가 존재한다는 것. 그리고 피해자의 목소리가 사라지지 않았다는 것을. 반드시 남겨야 했다.

"배심원 여러분들도 혹시 이렇게 생각하시나요? 피해자는 순결하고 문제가 없는 사람, 완벽한 사람이어야 한다고요. 사건 직후에 바로 경찰서로 달려가서 신고했어야 하고, 평소 품행에 어떤 문제도 없어야 하고, 비도덕적 행동도 하지 않았어야 하고, 감히 피해자가 사건과 관련된 합의금이나 배상금 등 어떠한 돈 이야기도 입 밖에 꺼내면 안 되고, 피해 이후에 사람들과 만나서 웃고 즐겨서도 안 되고, 평생 우울하게 지내야 한다는 생각. 이 모든 조건을 갖추어야 성폭력을 당한 피해자라고 생각하는 성폭력 통념. 우리가 그리는 왜곡된 피해자상이 결국 국민참여재판의 성범죄 무죄율을 비

정상적으로 높은 원인입니다. 만약 배심원 여러분들께서 이런 생각을 한 번이라도 하셨다면 잘못된 편견이라고 말씀드리고 싶습니다. 이 사건을 판단함에 있어 성폭력 통념을 걷어내고, 한 번 더 피해자의 관점에서 사건을 바라봐 주시길 바랍니다."

배심원 재판에서는 검사든 피고인 변호인이든 배심원들을 적대적으로 대하지 않아야 한다. 배심원들은 설득의 대상이고, 잘 보여야 하는 대상이기 때문이다. 근사한 피피티를 준비해 시각적으로 현혹하는 전략도 있고, 복잡한 사실 관계를 효과적으로 쟁점화해서 배심원들의 판단에 도움을 주기도 한다. 내가 할 수 있는 것은 오직 '말'뿐이었다. 한편으로는 말의 힘이 어떤 자료보다 강함을 믿었다. 배심원들에게는 나의 발언이 다소 도전적으로 들렸을지도 모른다. 결코 친절한 말투와 부드러운 태도가 아니었다. 오히려 성범죄의 국민참여재판의 현 실태와 문제점을 지적했고, 배심원들에게 잘못된 기록을 남기지 말아야 한다는 사실을 강조했다. 4년이었다. 수사와 재판 과정을 합해 채영이 이 자리에 서기까지 걸린 시간이. 인생의 가장 풍족해야 할 시기를 채영은 투쟁으로 보냈다. 나는 채영이 보낸 시간의 일부라도 배심원이 느끼기를 바랐다. 그래서인지 마지막 의견을 진술한 후에는 묘한 후련함마저 느꼈다.

나는 선고까지 한참이 걸릴 거라고 생각해 약간의 각오를 하고 있었다. 국민참여재판으로 진행되는 사건은 늦은 밤이나 다음 날 새벽에 판결이 선고되는 경우가 많다. 배심원들의 의견이 좁혀지지 않는다면 판결 선고를 하기까지의 시간은 더욱 길어진다. 그런 이유에서 법원 근처에서 저녁을 먹고, 대기를 위해 카페로 향했다. 그런데 커피를 받아들자마자 법원에서 전화가 왔다. 판결을 곧 선고하니 어서 법정으로 들어오라는 것이었다. 배심원들이 상당히 빠르게 결론을 내렸다는 뜻이었다. 나는 생각할 틈도 없이 급히 법정으로 뛰어 들어갔다. 가쁜 숨을 가라앉히기도 전에 판결 선고가 시작되었다.

"피고인은 유죄."

채영이 그토록 듣고 싶었던 말이었다.

국민의 형사재판 참여에 관한 법률

제1조(목적)

이 법은 사법의 민주적 정당성과 신뢰를 높이기 위하여 국민이 형사재판에 참여하는 제도를 시행함에 있어서 참여에 따른 권한과 책임을 명확히 하고, 재판절차의 특례와 그 밖에 필요한 사항에 관하여 규정함을 목적으로 한다.

왜 사과를 안 할까?

"피해자님이시여, 석고대죄 하는 제 마음을 받아 주세요."

가해자에게서 온 사과 편지의 서두였다. 그는 가족사진 앞에 무릎을 꿇고 앉아 사죄하는 사진과 절절한 사연을 담아 쓴 편지를 보내왔다. 요즘 법정에 제출되는 사과문과 반성문은 진심의 표현이라기보다 '법정용 콘텐츠'가 되는 경우가 많다. 인터넷에서 '반성문 잘 쓰는 법'을 검색해 따라 쓴 형식적 반성문, 눈물 셀카와 함께 편지지를 연출한 사과 콘텐츠는 '사과 퍼포먼스'라는 이름이 더 잘 어울릴 정도였다. 진정성보다 감형을 노린 기획물인 셈이다.

현아는 지하철로 출퇴근을 하는 직장인이었다. 여느 때와 같이 지하철을 탔는데, 뒤쪽에서 누군가가 몸을 밀착하는 것이 느껴졌다. 불쾌한 접촉이었지만 지하철의 인파는 지옥철로도 불릴 정도였기에, 충분히 생길 수 있는 일이라고 생각하며 넘겼다. 어쩌면 현아는 피해 상황을 스스로 인정하지 않으면서, 자기도 모르게 상대방에게 범행을 중단할 기회를 준 것일지도 모른다. 그런데 몸을 밀착한 남성은 더 대담하게 현아를 추행하기 시작했다. 옆에 있던 다른 승객이 남성의 범행을 알아채고 현아에게 자신의 휴대전화를 보여주었다. 거기에는 성추행 대처법이 적혀 있었다. 현아는 대처법대로 뒤를 돌아 남성의 손목을 잡은 다음, 역에 함께 내렸다. 현아는 여전히 그 당시 어디서 그런 용기와 힘이 나왔는지 모르겠다고 말했다. 아마 도움을 준 승객이 함께 따라 내려준 덕도 있었을 것이다. 곧 지하철 수사대가 출동했다.

가해자 B는 목격자가 없다고 생각했는지 "사람들한테 밀려서 몸이 밀착된 것뿐이에요. 저는 폰으로 게임하고 있었는데 무슨 소리예요?" 하며 범행을 부인했다. 지하철 강제추행범들의 흔한 레퍼토리였다. 이 창의적이지 못한 변명은 목격자로 인해 한 시간도 가지 못했다. 현아에게 도움을 준 승객이 범행을 목격했다고 증언했고, 범행 장면 일부를 동영상으로도 촬영해 두었기 때문이다.

B는 수사기관의 선처나 법원의 감형을 위한 확실한 패키지를 머지않아 알게 되었다. 깔끔한 범행 인정, 피해자를 향한 사과였다. B는 그때부터 본격적으로 현아에게 보내는 사과 편지와 콘텐츠를 만들기 시작했다. 쓰기 시작했다는 말보다는 만들기 시작했다는 말이 적합했다. 보기 좋은 편지지를 고르고, 인터넷에 나오는 사과

표현을 조합해 사과문을 작성했고, 사과하는 모습을 담은 사진과 영상 콘텐츠를 제작했다. 그 내용이 진심 어린 사과였다면 별로 문제되지 않는다. 하지만 초반 사과 콘텐츠에는 B의 힘들고 사연 많은 가정사, 현실의 녹록치 않음, 고난사 등 현아가 전혀 알고 싶지 않은 정보로 가득했다. 현아는 사과를 받고 싶은 것일 뿐, B의 지난 인생까지 알고 싶지는 않았다. 나는 현아를 대신해 B에게 거듭 의견을 전해야 했다.

"피해자는 B씨가 누구인지 이렇게 자세히 알고 싶지는 않아요. 사과를 하고 싶으면 진심 어린 사과의 마음을 담아야 하지 않을까요? 이런 방식이 계속되면 피해자는 더 이상 사과 편지를 받지 않을 거예요. 도리어 화가 날 수도 있고요. 정말 사과하고 싶다면, 그 마음을 담은 편지면 되지 않을까 싶네요. 글쓰기 실력은 물론 문제가 안 되고요."

내가 피해자 변호사인지, 가해자 변호인인지 헷갈릴 지경이었다. 피해자 변호사임에도 불구하고 변호인이 없는 가해자를 직접 상대해야 할 때는 이런 식으로 말해야 하는 순간이 있다. B에게 전달받은 편지를 영혼 없이 피해자에게 전달해도 되고, 피해자가 사과 콘텐츠를 받지 않겠다고 하면 내 선에서 안 받아도 그만이었다. 하지만 현아는 사과를 받고 싶어 했다. B 또한 사과를 하고 싶어 하는 듯해서 건네게 된 조언이었다.

그 과정에서 B는 자신의 난독증을 고백했다. 글을 읽고 쓰는 것이 남들보다 어렵고 힘들다는 것이다. 사과라고 보낸 편지보다 사진, 영상이 주를 차지했던 이유였다. 엉성한 편지를 보내봐야 피해자의 분노만 살 것 같았다는 말도 덧붙였다. 하지만 현아가 바라는 것은 어설플지라도 진심 어린 사과였다.

    B의 초반 사과 콘텐츠에는 진심이 없었다. 하지만 제대로 편지를 쓰기 시작하며 자신이 왜 사과를 해야 하는지를 점차 깨달았다. 그 과정에서 문화센터 글쓰기 수업에 등록하고 편지를 꾸준히 보내면서 전과 다른 사과를 하기 시작했다. 자신이 무엇을 잘못했는지를 깨닫고, 현아가 입은 피해와 상처가 무엇인지를 정확하게 짚었다. 그 과정에서 어떻게 하면 피해자가 피해를 최대한 회복할 수 있는지를 고민하고 있음이 편지에 드러났다. 문장과 글을 선명하게 만든 것은 B의 글쓰기 실력의 향상이 아니었다. 완벽하지 않은 문장 속에서 느껴지는 반성과 사과의 태도였다. 그리고 그 마음이 현아에게 전해졌다.

    "이렇게 사과를 하려고 노력하니 저도 받아줘야죠. 이 정도면 됐고, 저도 이쯤에서 사과를 받아주려고요. 사실 사과는 안 받아도 그만일 수 있어요. 법대로 하면 되는 거잖아요. 근데 저는 정말 사과를 받고 싶었어요. 사과를 못 받으면 그 기억에서 못 벗어났을 것 같아요. 이해 못 하실 수도 있지만… 저는 솔직히 가해자가 이렇게라도 사과를 해주니까, 좀 우습게도 다행이라고 생각해요. 사과를 못 받으면 제 마음이 더 괴로웠을 것 같아요."

    현아는 처음에는 합의금을 받지 않으려 했다. 나는 피해를 입은 것은 사실이므로 그에 따른 합의금이 필요하다고 현아를 설득했고, 결국 현아는 최소한의 합의금을 받기로 했다. 현아에게 중요한 것은 금전적 배상은 분명 아니었다. 피해를 입으면 가해자가 어떻게 사과하든 받아들이기가 어렵다. 하지만 현아는 자신이 충분히 사과를 받았다고 생각했고, 다행이라고 여겼다. 그 태도가 대단하게 느껴지기까지 했다.

누군가는 현아의 결정을 이해 못 할 수도 있다. "결국 감형을 위해 사과한 거 아냐?" 하고 의심할 수도 있다. 또 누군가는 공감할 수도 있다. 사과를 대하는 마음은 모두가 다르다. 대부분의 피해자는 가해자의 사과를 받아주기까지 시간이 걸린다. 이 시간은 누구에게나 동일하게 흐르지 않는다. 어떤 피해자는 수년이 지나서야 가해자의 짧은 사과 한마디를 받아들이고, 사과 자체를 거부하는 경우도 있다. 그 결정은 모두 타당하다. 피해자의 감정에는 정답이 없다. 피해자가 사과를 받아들이고 선택하는 이유도 같지 않다. 다만, 이들이 가해자의 용서를 받아들이려면 당연히 가해자의 사과가 선행되어야 한다. 자신의 잘못된 행동에 사과조차 건네지 않은 가해자를 용서하는 피해자는 어디에도 없다. 모든 일에 순서가 있듯 사과와 용서도 마찬가지이다.

자신의 행동에 대한 진정성 있는 반성, 피해자를 향한 진지한 사과. 진심인지, 진지한지는 사과를 건네는 당사자만 알 수 있다. 사과 편지를 어떻게 쓸지는 그다음의 일이다. 글쓰기 실력이 좋다고 사과 편지를 잘 쓰는 것도 아니고, 문장이 서툴다고 사과 편지를 못 쓰는 것도 아니다. 결국 여기에서 가장 중요한 요소는 사과의 마음이 피해자들에게 전달이 되는지이다. 단순히 선처와 감형을 위한 도구로 사과를 사용하는 것이 아니라, 사과가 그 자체로 목적이 되어야 피해자에게도 전달된다. 사과의 대상과 방향은 수사기관과 법원이 아닌 피해자를 향해 있어야 한다.

"그때 가해자가 바로 사과만 했어도 상황이 달랐겠죠. 이렇게 고소까지 하면서 제가 힘들어지지 않았을 거예요. 피해자인 제가 사과를 바라는 게 그렇게 이상한가요?"

피해자들이 가장 많이 하는 말이다. 솔직히 변호사 생활 초기에는 사과 한마디가 간절한 그 마음을 이해하지 못했다. 이미 이렇게 된 마당에, 가해와 피해의 관계가 사적인 관계를 넘어 국가 형벌권의 행사 영역까지 들어와 매우 공적인 일이 된 마당에, '진심 어린 사과'가 뭐 그리 중요한가? 한편으로는 이 세상에 진정한 사과가 없다고도 생각했다. 사과의 마음은 결국 배상금이나 합의금의 액수로 그것이 진심인지 아닌지를 가늠할 수 있고, 배상금을 많이 받으면 피해자들의 피해 감정도 그만큼 해소될 거라고 생각했다. 그런 이유에서 현아와 B의 몇 개월에 걸친 사과와 용서의 과정은 사과의 의미를 다시 한번 곱씹게 한 계기가 되었다.

●

그리 어려운 것이 아닌데, 우리는 사과가 어려운 시대를 살아간다. 잘못을 인정하고 사과하는 데에 변호사의 도움을 받고 법률

자문을 받는다. 그다음에야 사과한다. 사과가 언제부터 법률 검토의 대상이었는가? 왜 사과를 법률적으로 해석하는가? 안타까운 세상이다. 법적인 의미로 사과를 해석한다면 사과 본연의 의미는 퇴색된다. 사과는 원래 법으로 하는 것이 아니기 때문이다. '법정에서 내 사과가 불리하게 작용하지는 않을까?' 하는 불안감이 사과를 양심의 행위가 아니라 법률 검토의 대상이 되게 만들었다.

사과를 받는 사람 역시 마찬가지이다. 사과를 받고 싶은데, 사과를 받으면 법적으로 어떻게 해석될지 고민한다. 이렇게 되면 사과는 더 이상 사과가 아니다. 법적 언어의 주고받음 행위에 불과한, 속이 완전히 도려내진 껍데기에 불과한 말장난이 무슨 의미가 있을까.

영미법계 일부 국가에는 사과법謝過法이라는 것이 있다. 사과 행위가 이후에 진행되는 법률적 절차에서 가해자의 책임 근거가 되지 않게 방지하는 법률이다. 한마디로 사과는 사과일 뿐 사과할 일은 사과하라고 장려하고, 당사자 사이의 갈등을 최소화하고, 법률적 책임을 덜어주는 것이다. 예컨대 미국의 캘리포니아 주나 캐나다 일부 지역에서는, 진심 어린 사과가 향후 손해배상 소송에서 책임 인정으로 해석되지 않도록 보호하는 법률을 운용한다. 이마저 법이 있다는 게 신기하기도 하지만, 어떻게 보면 법이라는 것이 가끔은 인간의 본능이나 감정에 역행할 수도 있다는 사실을 보여준 것도 같다.

사과는 잘하는 것도 중요하고, 받아들이는 것도 중요하다. 이

두 가지가 모두 충족되지 않고 아무런 의미가 없다. 법은 인간의 사과 행위를 멀리 떨어져서 봐야 한다. 단어에 집착해 숲을 보지 못하고 나무만 바라본다면 사과는 누구에게는 불리하게, 누구에게는 유리하게 해석될 수 있다. 법의 마음은 원래 이런 것이 아니었을 텐데 말이다. 사과를 어렵게 하는 것이 무엇인지, 혹시 우리가 법이라는 기준을 엉뚱한 곳에 가져다 대고 있는 것은 아닐지 돌아봐야 하는 이유이다. 피해자의 피해 회복은 가해자의 제대로 된 사과에서 시작한다. 사과를 받았다는 사실은 피해로 얼룩진 마음을 스스로 닦을 수 있는 큰 용기가 된다.

양형위원회가 정의한 '진지한 반성'

[진지한 반성]
범행을 인정한 구체적 경위, 피해 회복 또는 재범 방지를 위한 자발적 노력 여부 등을 조사, 판단한 결과 피고인이 자신의 범행에 대하여 진심으로 뉘우치고 있다고 인정되는 경우를 의미한다.

출처: 양형위원회, https://sc.scourt.go.kr/

그는 사라졌고, 나는 남겨졌다

긴 연휴의 첫날이었다. 쉴 틈 없이 바쁘던 중 오랜만에 누리게 된 휴식이었다. 이 드문 공백의 시간에 무엇을 할까 고민하고 있는데, 전화 한 통이 걸려왔다.

"변호사님, 저 어떡해요? 가해자가 죽었대요."

"무슨 소리예요? 죽다니요? 어디서 들은 거예요? 확실해요?"

"네. 방금 담당 수사관이 연락을 주셨어요."

회사 여자 화장실에 카메라를 설치하고, 그것도 모자라 갓 입사한 여자 직원들을 상대로 강제추행과 성희롱을 일삼았던 가해자가 자살했다. 효정은 이 사건의 첫 번째 고소인이었다. 효정의 고소로 용기를 낸 다른 피해자들이 하나둘 모여 추가 고소를 준비하고 있었다. 내부 감찰도 시작되었고, 가해자의 휴대전화 등 전자기기에 대한 압수수색영장이 발부되어 집행 시기를 조율하던 중이었다. 즉 영장 집행 직전이었다. 그런데 돌연 가해자는 자살했고, 효정은 완전히 이성을 잃었다.

사람이 죽는 것보다 더 큰 사건은 없다. 사라진 사람을 둘러싼 주변의 수많은 사람도 함께 그 큰 사건에 매몰될 수밖에 없다. 좋은 감정이든 나쁜 감정이든, 한 사람의 사라짐으로 모두가 일시 정지 상태가 된다. 그 상태에서는 되짚어야 할 것이 많다. 죽은 사람이 형사 절차 과정의 피의자라면 되짚을 게 더 많다. 무엇이 가해자를 자살에 이르게 했는지부터 가해자의 자살 이후 변화하는 주변 환경과 분위기, 피해자의 삶까지. 죽음이라는 엄청난 사건에 피해자는 원하지 않게 또 한 번 휘말린다. 피해를 피해자가 원하지 않았던 것처럼 가해자의 자살 역시 피해자가 원한 것이 아닌데 말이다. 효정은 가해자의 죽음 이후 회사의 분위기가 묘하게 달라졌음을 느꼈다.

"그래도 능력 있고 성격도 좋은 사람이었는데, 참 안됐어."

"사람이 죽었는데… 이 정도로 일을 키울 일이었나? 나는 잘 모르겠네."

"고소를 당했으니 그런 거지. 회사에서 조용히 처리했으면 좋았을 텐데."

효정의 고소에 피해자들이 하나둘씩 모이며 문제 제기를 하던 시기에는 나오지 않았던 말이, 가해자의 죽음 이후 나오기 시작했다. 효정은 마치 자신이 가해자가 된 것 같은, 즉 살인자라도 된 듯한 기분을 느껴야 했다. 무엇보다 가해자의 자살 이후 멀어지는 동료들이 많아졌다. 단체 채팅방에서 말을 걸어주는 사람이 없었고, 점심을 먹을 때도 다른 사람의 눈치가 보였다. 효정은 이 모든 상황의 책임이 자신에게 있는 것 같아 죄책감이 들었다. 모두가 효정을 손가락질하며 "가해자를 죽인 사람"으로 비난하는 것만 같았다.

가해자의 자살로 영장 집행 시기를 조율 중이던 형사 절차는 영원히 멈추었다. 가해자가 사망하면 형사 절차는 완전히 무너진다. 처벌할 대상이 사라졌기 때문이다. 혐의를 받아 수사 중이던 피의자가 사망할 경우, 검찰의 최종 처분은 "공소권 없음"이다. 검찰 사건사무규칙 제115조에 따른 결정이다. 피의자의 혐의가 존재하는지 유무를 더 이상 판단하지 않는다.

영국의 경우 피의자가 사망하더라도 제한된 조건하에 추가 경찰 조사를 진행할 수 있다. 피의자 사망으로 기소가 불가능하더라도 사건을 바로 종결하지 않는다. 수사를 더 진행해 실체 진실을 밝힐 수 있는 최소한의 장치를 만들어둔 것이다. 또한 검찰에서 불기소처분 등이 내려졌을 경우 피해자가 사건의 재심사를 검찰에 요구할 수 있는 제도(victim's right to review)를 두고 있다. 피의자가 사망하더라도 활용할 수 있는 제도로, 형사사법 절차 내에서 피해자 권리 보장을 실질적으로 구현했다고 평가받는다.° 반면 우리나라의 '공소권 없음' 처분은 실체적 진실에 접근하고, 기록하는 가능성을 봉인한다. 진실에도 접근할 수 없는 셈이다. 답답해도 너무 답답한 상황이었다. 피해자들은 자신이 당한 피해가 어느 정도인지 확인조차 못 했다. 나는 수사기관을 향한 마지막 요청이자 외침으로 이렇게 물었다.

"휴대전화 확보된 거예요? 도대체 어느 정도로, 어떻게, 촬영된 건지는 확인해야 하지 않아요?"

"확인을 해봤는데 휴대전화와 다른 기기가 어디에 있는지 전혀 못 찾았습니다. 더 이상 찾을 방법도 없고, 어디에 있는지 확인할 방도도 없네요."

가해자는 모든 증거를 완벽하게 소멸한 뒤 스스로도 소멸했다. 피해는 존재하고, 피해자는 살아있는데, 피해를 증명할 방법이 없었다. 수사기관은 범죄를 저지른 개인에게 국가의 형벌권을 행사할 수 있지만, 공익의 수호자로서 사건의 실체적 진실을 밝히는 공익적 기능에 더 큰 가치를 두어야 하는 국가기관이다. 비록 형벌의 대상자인 가해자가 사망했더라도 진실을 밝히려는 척이라도 해야 하는 것 아닌가? 죽으면 모든 과오가 덮이고, 미화되고, 심지어 가끔은 영웅이 되기도 하는 문화를 나는 도저히 이해할 수 없었다.

○ 정다연·한민경, 「피의자 사망을 이유로 한 '공소권 없음' 수사종결 관행에 대한 고찰: 피의자 사망 후 수사 지속의 필요성을 중심으로」, 『형사정책』, 제34권 제2호, 2022, 213-238.

효정이 피해를 겪은 직장은 사실 그토록 효정이 취업하고 싶었던 곳이었다. 하지만 가해자의 자살 이후 결국 효정의 회사 생활도 끝이 났다. 강제추행을 당한 피해자가 가해자가 되어 퇴사했다. 가해자가 사라지면 가해자를 고발한 이가 비난의 자리에 놓인다. 이것이 피해자의 이중고이자, 한국 사회의 낙인 구조이다. 효정을 지지하지 않는 사람들은 효정이 가해자를 고소해서, 처벌에 대한 의지가 강해서 가해자를 죽음에 이르게 했다고 믿었다. 마치 살인자라도 된 듯 효정을 바라보는 시선과 그들의 수군거림을 견디기는 어려웠다.

가해자의 자살과 죽음을 원하는 피해자는 없다. 가해자가 세상에서 완벽하게 사라지는 방식의 해결을 원하지도 않는다. 법 앞에서 자신의 죄에 합당한 책임을 지는 것을 보고 싶을 뿐 사라짐을 목격하고 싶은 것은 아니다. 피해가 사법적으로 인정받고, 그 과정에서 법을 빌어 자신의 이야기를 하고 싶은 것뿐이다. 그리고 조금의 위안을 기대할 뿐이다.

솔직히 나는 피의자나 피고인이 자살하는 경우, 그들이 왜 그런 선택을 했는지 별로 궁금하지 않다. 그래도 유추해 보면 죽음으로 피해자에게 사죄하고 싶었기 때문일 수도 있고, 극단적인 억울함의 표현일 수도 있다. 복합적인 심리와 환경이 겹쳐 발생한 의도치 않은 사고였을지도 모른다. 혹은 전과자로 낙인찍혀 살아갈 앞으로의 삶이 두려웠기 때문일 수도 있다. 타인의 삶에 낙인을 새기고, 정작 자신이 사회로부터 받게 될 낙인은 견딜 수 없어서 스스로 죽음을 택한 것은 아닐까? 피해자에게 일상이 무너지는 고통을 남기고, 가해자는 완벽하게 도망치는 것 같기도 하다.

    모든 것이 모호하고 명확하지 않다. 분명한 것은 단 하나이다. 이 죽음 이후 남은 모든 무게를 오롯이 피해자가 짊어져야 한다는 사실이다. 가해자의 죽음은 형사 절차를 종결짓지만, 그때부터 피해자는 형사 절차와는 무관한 증명의 시간을 보내야 한다. 피해자는 세상에 자신의 피해를 영원히 입증해야 하는 보이지 않는 형벌 속에 갇힌다. 가해자가 죽으면 사건도 죽는다. 그러나 피해자의 시간은 멈추지 않는다. 이 시간 속에서 법이 피해자에게 조금이라도 더 가까이 다가서려면, 가해자의 죽음 앞에서 멈추어 서면 안 된다. 피해자의 피해를 기록하고 기억할 수 있어야만 한다. 가해자의 죽음. 이보다 더 완벽한 가해는 없다.

통쾌한 복수가 있을까?

해서는 삼십 대 중반의 평범한 직장인이었다. 친구를 만나고, 운동도 하고, 가끔은 여행도 다니며 남들과 비슷한 일상을 살았다. 하지만 그 이면에는 누구에게도 꺼내지 못했던 기억 하나가 자리했다.

해서는 대학교에 갓 입학했을 무렵, 친하게 지내던 선배에게 성폭력 피해를 입었다. 어느 주말, 선배 C는 자신의 집에서 과 동기들과 스터디를 하기로 했다며 해서를 자취방으로 불렀다. 의심 없이 방문한 C의 집에서 해서는 반항할 틈도 없이 강간당했다. 지방에서 상경해 대학을 다니던 해서에게는 의지할 만한 대상이 없었다. 결국 누구에게도 그날 일을 털어놓지 못한 채 묻어두었다. 대학

생활을 못 하게 될 수도 있다는 막연한 두려움이 앞섰던 탓이다.

그로부터 십 수 년이 흘렀다. 해서는 대학 동기로부터 우연히 C의 소식을 들었다. C가 방송 프로그램을 만드는 피디가 되어 잘 살고 있다는 것이었다. 심지어 해서 역시 그 프로그램을 본 적 있었다. 멈추었던 지난 시간이 살아나 해서를 괴롭히기 시작한 게 바로 그때부터였다. 해서는 한동안 티브이를 껐다. 그런데도 계속해서 속에서 묵직한 무언가가 올라왔다. 예고도 없이 불시에, 밥을 먹다가, 샤워를 하다가, 출근을 하다가 올라온 그 무언가가 쉽게 진정되지 않았다.

그때부터 해서의 머릿속은 뒤죽박죽이었다. C가 방송국 피디가 되었다는 사실, 많은 사람으로부터 '괜찮은 사람'으로 인정받고 있다는 소식, 모두가 C의 이름을 아무렇지 않게 언급하는 현실, 모든 상황이 견디기 어려웠다. 밤새 뒤척이다가 결국 해서가 택한 방법은 인터넷 커뮤니티에 그의 실명과 그날의 일, 자신의 피해를 공개하는 것이었다.

해서는 처음에는 몇 번이나 키보드 위에 손을 올렸다 떼기를 반복했다. 게시글을 올리는 건 클릭 한 번이면 되었지만, 그 하나가 너무 무거웠다. '혹시 아무도 믿어주지 않으면 어떡하지?' '오히려 내가 또 상처받으면?' 'C가 유명하니 나는 다시 뭉개지지 않을까?' 이런 생각이 매일 밤마다 해서의 몸을 짓눌렀다. 하지만 침묵을 선택할 수는 없었다. 말하지 않으면 무엇도 바뀌지 않을 거라는 감각이 비로소 선명해졌을 때, 해서는 업로드 버튼을 눌렀다.

C는 강간범입니다.

해서는 이렇게 사적 복수를 택했다. 순식간에 여러 댓글이 달렸고 글은 퍼졌다. 해서의 선택을 통쾌해하는 사람도 있었고, 비난하고 조롱하는 사람도 있었다. 해서는 그저 말하고 싶었을 뿐이다. 괜찮은 사람으로 인정받는 C가, 많은 사람이 보는 방송 프로그램을 만드는 C가, 실제로는 '괜찮지 않은 사람'임을.

C는 자신을 고발하는 게시물을 확인하자마 해서를 명예훼손죄로 고소했다. 해서가 게시한 글의 내용이 모두 허위 사실이고, 강간한 사실이 없다고 주장했다. 해서의 인터넷 글로 자신의 사회적 명예가 심각하게 훼손되었다는 것이 요지였다. 해서의 선택은 해서를 형사사건의 피의자로 만들었다. 해서와 내가 만나게 된 이유였다.

"처벌받을 각오하고 한 일이에요. 벌금 나오겠죠? 아니면 저 감옥 가나요?"

해서는 처벌을 각오한 일이라고 거듭 말했다. 자신은 처벌받아도 괜찮다고 오히려 나를 안심시켰다. 하지만 안다. 해서는 처벌을 각오한 적도 없고, 그 누구보다도 처벌을 두려워한다는 사실을. 나는 해서를 이 불안한 형사 절차에서 빼내야 했다. 그러기 위해서는 일단 해서가 그토록 잊고 싶어 했던 피해의 기억을 최대한 끄집어내야 했다.

C를 강간죄로 고소할 수는 없었다. 공소 시효가 만료되어 처

벌이 불가능했다. 이 사건의 목적은 명확했다. 해서가 명예훼손죄의 범죄 전력을 가지지 않는 것, 해서가 불기소처분을 받는 것이었다. 강간 피해도 억울한데 전과자까지 되게 내버려둘 수는 없었다. 그러려면 해서를 고소한 C가 해서를 강간했다는 사실을 증명해, 해서의 글이 허위가 아니라는 점을 수사기관에 설득해야 했다. 또, 해서가 이렇게 글을 올린 이유에 '공공의 이익'이 존재한다는 점을 강력하게 어필해야 했다. 피해자의 사회적 고발이 공공의 이익을 위한 것이라면, 단지 개인의 울분 표출이나 사적 감정에 기반한 것이 아닌 공적으로도 사회적으로도 필요한 문제 제기였다는 뜻이다. 이 점이 인정되면 「정보통신망 이용촉진 및 정보보호 등에 관한 법률」상 명예훼손죄의 비방 목적이 사라져, 죄가 성립하지 않기 때문이다.

"정말 아무에게도 해서 씨가 당한 피해를 말한 적 없어요?"

"진짜 없는 것 같은데."

"한 번만 더 생각해 보세요."

내 말에 며칠을 고민하던 해서는, 한 인터넷 카페에 이 사건으로 고민 상담글을 올린 적이 있다고 했다. 다행히 해서는 자신이 게시글을 올린 인터넷 카페를 정확히 기억하고 있었다. 오래전의 글이라 혹시 삭제되었으면 어떡하나 염려한 것에 반해, 그 글은 게시한 날짜, 시간까지 정확히 기록된 채 여전히 그 자리에서 해서를 기다리고 있었다. 피해를 증명할 방법이 없던 우리에게는 게시글의 존재가 엄청난 힘이 되었다.

얼마간이 더 흘러, 해서는 또 하나의 기억을 떠올렸다. 몇 년 전 우연히 거리를 걷다가 간판을 보고 들어간 심리상담소에서 상담을 받았던 적이 있다고 했다. 충동적으로 들어간 것이라 그곳의 상호도, 상담사의 이름도 기억하지 못했다. 해서가 기억하는 것이라곤 위치 하나였다. 해서는 불안과 기대를 품은 채 곧장 그곳으로 향했지만, 상담소는 흔적 없이 사라진 뒤였다. 상담소라면 분명 상담 기록이 있을 것이고, 해서의 이야기에 힘이 생긴다. 즉, 피해를 정황적으로라도 입증해 줄 아주 중요한 자료였다. 반드시 찾아야만 했다.

바로 다음 날, 나는 해서와 다시 상담소가 있었던 위치로 갔다. 동네를 훤히 꿰뚫고 있는 나이 지긋한 사장님이 계신 부동산을 찾아다녔다. 그러다 딱 봐도 자리를 오래 지켰을 것 같은 부동산을 발견했다. 우리는 시원한 커피 한 잔을 한 손에 들고 부동산의 문을 열었다. 최대한 간절하고 예의바른 태도로 커피를 건네며 사장님께 물었다.

"혹시 그 자리에 있던 상담소 기억하세요? 상담소가 어디로 이사를 갔을까요?"

사장님은 한참을 생각하더니, 무언가 떠올랐다는 표정으로 연락처를 뒤졌다. 그리고 곧장 전화를 걸었다. 잠깐의 통화를 끝내고 우리를 보고 웃으며 말했다.

"아직 상담소가 있다네?"

도저히 풀리지 않을 것 같은 실타래의 실마리를 찾는 순간이었다. 해서의 기록이 이사한 상담소에 여전히 남아 있었던 것이다.

●

　처음 만난 날, 해서는 덤덤한 척 처벌을 각오하고 저지른 일이라고 했다. 하지만 어떤 피해자도 덤덤히 처벌을 각오할 수 없다. 피의자 신문조사를 받기 위해 경찰서 앞에 섰을 때, 해서는 차마 안으로 들어서지 못하고 엉엉 울었다. 범죄를 저지른 신분으로 경찰서에 불려온 상황을 받아들이기 힘들었을 것이다. 해서의 감정이 진정될 때까지 우리는 잠깐 경찰서 앞에 서 있었는데, 드라마에서나 볼 법한 장면처럼 해서의 어머니에게서 전화가 걸려왔다. 해서는 자신이 입은 성폭력 피해를, 그리고 피의자 신분이 된 상황까지도 가족에게 알리지 않았다. 오로지 혼자 그 무게를 감당하고 있었다. 그런 상황에서 여느 날처럼 안부를 묻는 어머니의 목소리에 마음이 흔들리지 않을 자식은 없었다.
　간신히 감정을 가라앉히고 우리는 경찰서로 들어갔다. 경찰은 해서의 강간 피해에 대해 내가 예상한 것 이상으로 상세하게 질문했다. 가해자가 당시 살았던 집의 위치, 구조, 만나게 된 경위, 범행의 방법, 신고할 수 없었던 이유까지 전부 질문했다. 경찰 조사를 앞두고 해서와 마주앉아 그날의 모든 것을 정리하고 대비했던 터라 다행히도 해서는 크게 당황하지 않고 답했다. 오래된 기억이지만 해서에게는 어제 일처럼 생생했다. 당시의 상황을 그림으로도 그럴 수 있을 정도였다.

"C는 사람들이 시청하는 방송 프로그램을 만드는 사람이잖아요. 사람들도 그 프로그램을 만든 사람이 어떤 사람인지, 어떤 잘못을 했는지 알 필요가 있다고 생각했어요. 저 같은 다른 피해자가 없기를 바라는 마음도 컸어요. 제가 한 행동을 합리화할 생각은 없어요. 저는 정말 처벌도 각오했고, 이렇게라도 해야 했어요. 그래도 법을 어긴 것 같아 마음이 불편하네요. 정말 죄송합니다."

죄송하다는 말을 하며 해서는 또 한 번 크게 울었다.

나는 변호인 의견서를 통해, 해서의 강간 피해는 허위가 아닌 진실한 사실이라는 점, 일반 공중이 시청하는 프로그램을 만드는 가해자의 직업이나 영향력, 해서의 과거 피해를 고려하면 이 글은 분명 공공의 이익에 관한 것으로 봐야 함을 주장했다. 강간 피해로 상담 받았던 기록, 인터넷 카페에 상담글을 올렸던 내용 등 해서가 주장하는 피해는 실제 존재했다는 점을 뒷받침할 증거 자료도 모두 제출했다.

경찰의 수사는 몇 달간 더 이어졌다. 해서는 그 몇 달이 기약 없는 기다림처럼 느껴졌다고 했다.

"변호사님, 이거… 이거 저 혐의 없다는 이야기 같은데 맞죠? 그렇죠?"

경찰은 해서의 혐의에 증거가 불충분하므로 "혐의가 없다."는 의견으로 이 사건을 검찰로 송치했다. 이후 이어진 검찰 조사 역시 경찰과 같은 의견이었다. 해서의 처분은 최종적으로 '혐의 없음' 불기소 처분이었다.

누군가는 해서에게 왜 바로 가해자를 신고하지 않았느냐고 비난할 수도 있다. 하지만 그 질문은 너무 가볍고 잔인하다. 당시 해서에게는 도움을 요청할 수 있는 인적·사회적·경제적 기반이 없었다. 친한 선배에게 성폭력을 당했다는 사실을 말할 수 있는 분위기, 믿고 들어줄 사람이 없었다. 오히려 '그런 자리를 왜 가?' '네가 오해한 거 아니야?' 하는 말이 돌아올 게 분명했다. 또한 그 사건으로 대학 생활을 망치고 싶지 않다는 두려움이 더 컸다. 지금과는 상황이나 생각이 달랐다. 그래서 말하지 못한 것이다.

다 지나서 결국 성공한 가해자에게 복수를 한 것 아니냐고 질책할 수도 있다. 복수해서 통쾌하냐고 묻고 싶은 사람도 있을 것이다. 해서의 선택은 분명 법이 허용하는 방식은 아니었다. 다행히 해서는 처벌받지 않았지만, 처벌받을 수도 있었다. 그리고 지금도 여전히 해서와 같은 방법을 선택하는 피해자들도 있다. 처벌의 위험까지 감수하면서 말이다.

이 선택은 다른 말로 사적 복수, 사적 제재로 불린다. 나, 혹은 나와 가까운 사람들이 고통을 겪었을 때, 그 고통을 똑같이 상대방에게 되갚고 싶은 마음은 어쩌면 가장 본능적인 반응일지도 모른다. 반면에 용서는 본능과는 먼 일이다. 누군가에게 복수하고 싶은 마음은 인간의 자연스러운 감정이고, 창작자들에게는 끊임없는 영감의 원천이 되기도 한다. 사적 복수와 사적 제재가 원천적으로 금지된 사회에 사는 우리의 복잡한 감정을 들여다보거나, 그 본능을 대리 실행하는 인물을 만드는 작업은 오래전부터 문학, 영화, 드라마를 관통하는 주제였다. 히어로물이 대표적이다. 법을 초월한 방식으로 악인을 응징하는 장면은 보기만 해도 통쾌하다. 하지만 결국 큰 틀에서 보면 '사적 제재'의 판타지를 실현하는 것뿐이다. 누구도 간섭하지 못하는, 내가 직접 심판하는 복수의 과정과 그 속에서 피어나는 감정은 시대가 바뀌어도 사람들의 흥미를 자극한다.

●

내가, 우리 가족이, 나와 친밀한 사람이 피해를 입으면 복수라는 주제에 더 깊이 빠질 수밖에 없다. 빠르고, 신속하고, 확실한 수단으로 가해자가 했던 방식 그대로 갚아주고 싶은 마음이 든다. 하지만 그 마음을 실행에 옮길 수 있을까? 문명 국가에서는 침해 행위가 종료된 상황에서 가해자에게 복수하는 것이 결코 허용되지 않는다. 지구상에 국가라는 이름을 가진 그 어느 곳에서도, 개인의 사적 복수나 제재를 법으로 허용하지 않는다. 국가의 탄생과 존재의 철학적 기초는 다양하지만, 문명 국가의 시작은 인간 사회의 사적 복수와 제재를 금지하고, 개인의 처벌 권한을 빼앗고, 국가에 형벌권을 부여하는 것이었을지도 모른다. '눈에는 눈 이에는 이', 동해보복同害報復이 가능했던 시대가 있었지만, 우리가 경험한 적은 없다. 오늘날, 누군가가 나의 눈을 찔렀더라도 내가 그 사람의 눈을 똑같이 찌르는 행위는 용납되지 않는다.

그럼 누가 이 억울한 마음을 대신해 주는가? 바로 국가이다. 가해자에 대한 형벌권은 국가가 행사한다. 보이지 않는 거대 권력인 국가가 한 개인에게 내리는 형벌권은 상상을 초월할 정도로 무섭다. 왕권이 절대적인 시대에는 왕의 권한에 의해, 종교가 사회를 지배하는 권력이 있던 시대에는 종교가 자의적으로 형벌권의 내용을 전단했다. 이른바 죄형전단주의罪刑專斷主義가 지배하던 시대에는, 힘을 가진 권력자와 재판하는 사람이 마음대로 범죄를 만들고 형벌을 집행했다. 그러나 근대적인 자유주의 인권사상이 싹트면서 죄형전단주의는 죄형법정주의罪刑法定主義로 변화했다. "법률이 없으면 범죄가 없고, 법률이 없으면 형벌도 없다."는 이 원칙은, 법치주의의 핵심이자 근대 형법의 기본 이념이다. 그와 함께 국가형벌권에 대항하는 개인, 피의자와 피고인의 방어권, 즉 형벌권에 대항할 수 있는 권리도 꾸준히 확장되고 발전했다.

근대 형사법 발전의 역사는 국가형벌권의 대상이 되는 개인의 권리 보장 역사와 궤를 같이 한다. 국가형벌권에 대항하는 개인의 권리는 아주 오래된 관심사였다. 형벌권을 가져간 국가를 감시하고, 형벌권 행사의 적절성을 통제할 수 있게 된 것 자체는 인류의 큰 발전이다. 하지만 그 과정에서 의도치 않게 소외된 사람들이 있다. 바로 범죄 피해자이다. 국가형벌권을 촉구하고 발동을 가능하게 했던 그 중요한 사람들이 국가가 하는 일, 국가의 일이라는 명분하에 오랜 시간 방치되었다. 이들의 권리를 의도적으로 배제하고 차별하지는 않았겠지만, 형사사법 절차 전반에 걸쳐 범죄 피해자에게 관심을 가진 역사는 매우 짧다. 우리나라에서도 2005년이 되어서야 「범죄피해자 보호법」이 제정되었다.○ 즉, 형벌권 행사 과정에서 피해자들의 의사나 감정은 배려 받지 못했고, 축적된 소외감, 사법 불신은 사적 제재를 소환하게 했다.

　개인이 직접 판단하고 벌하는 사적 제재는 결국 법치주의의 부정이자 도전이다. 국가가 법률과 절차를 통해 가해자를 처벌할 수 있는 시스템을 갖추고 있음에도, 그 시스템이 느리고 답답하고, 무엇보다 믿을 수 없다는 이유로 개인이 직접 나서겠다는 것이다. 경찰도, 검찰도, 법원도, 그 무엇의 존재도 필요하지 않아진다. 사적 제재가 유행처럼 번지고, 복수를 부추기며, 사법의 불신이 만연한 사회는 법이 무너진 사회이다. 하지만 법이 무너지기 전에 법이 사람들에게 정의감과 믿음을 충분히, 먼저 주었는가에 "그렇다."라고 답하기 어렵다. 법이 피해자의 억울함과 고통, 분노를 담았는지 말이다.

　"사적 제재는 법치주의에 대한 도전이므로 엄벌한다."라는 권위주의적 발상으로는 이 현상을 해결할 수 없다. 국가가 형벌권을 왜 가지게 되었는지, 근본적인 이유에 대해서 고민하지 않는다면

○　범죄피해자 보호·지원의 기본 시책 등을 정하고 범죄 피해자에 대한 국가 및 지방자치단체의 보호·지원과 국민의 범죄 피해자 지원 활동을 촉진하기 위해 2005년 12월 제정된 법률.

복수에 관한 인간의 본능을 잠재우기 어렵다. 사적 제재 이면에 자리한 법에 분노하는 이유와 불신의 원인이 무엇인지부터 돌아봐야 한다. 사적 제재는 결국 국가 형벌권에 도전하는 것일 수도 있지만 경고일 수도 있다. 정상적으로 형사 고소를 진행하더라도, 피해자들이 무고죄 역고소를 걱정하고, 2차 피해를 감수해야 하는 구조는 여전히 우리 사회에 존재한다. 국가가 피해자를 보호하는 데 실패한 경험이 축적되면, 사람들은 제도 대신 대중의 법정에 기대고 싶어 한다.

그래도 나는 한 가지만은 꼭 당부하고 싶다. 피해자들이 자신을 내던지고, 그로 인해 불이익을 당할 각오를 하지 않았으면 한다. 어떤 것도 당신을 파괴할 만큼의 가치는 없다.

참고 판례

- 대법원 2022. 7. 28. 선고 2022도4171 판결

정보통신망법 제70조 제1항은 "사람을 비방할 목적으로 정보통신망을 통하여 공공연하게 사실을 드러내어 다른 사람의 명예를 훼손한 자는 3년 이하의 징역 또는 3천만 원 이하의 벌금에 처한다."라고 정한다. 이 규정에 따른 범죄가 성립하려면 피고인이 공공연하게 드러낸 사실이 다른 사람의 사회적 평가를 떨어트릴 만한 것임을 인식해야 할 뿐만 아니라 사람을 비방할 목적이 있어야 한

다. 비방할 목적이 있는지는 피고인이 드러낸 사실이 사회적 평가를 떨어트릴 만한 것인지와 별개의 구성요건으로서, 드러낸 사실이 사회적 평가를 떨어트리는 것이라고 해서 비방할 목적이 당연히 인정되는 것은 아니다. 그리고 이 규정에서 정한 모든 구성요건에 대한 증명책임은 검사에게 있다.

4부
서로를 지키는 말들

피해자를 돕는 사람들은 무엇을 지키고자 하는가.
소진되지 않기 위한 윤리,
그럼에도 이 일을 계속해야만 하는 이유.

소진, 하다

"스스로 다 태워버릴 이유는 없어요. 절대 스스로를 소진하지 마세요. 여러분이 불에 타 없어져 버린다면, 피해자를 돕는 이 모든 과정도, 결과도, 결국 아무 의미가 없어집니다."

나는 이 말을 여러 강의의 말미에 꺼낸다. 특히 상담사, 활동가, 경찰, 공공기관의 고충처리 담당자, 피해자 지원 단체 실무자들 앞에서는 빠트리지 않는다. 그들은 타인의 고통을 매일같이 마주하는 사람들이다. 타인의 슬픔에 공명하고, 타인의 분노에 대응하며, 타인의 절망을 끌어안는 사람들이다. 그리고 그 과정에서 자신도 모르게 조금씩 무너진다. 감정의 경계가 무너지면 이들은 누구보다도 빠르게 소진된다.

'소진'이라는 단어는 그 자체로 자명하다. '다하여 사라질 소消'에 '진할 진盡'. 다 타버려 없어지는 것. 타인의 고통을 감당하려다 정작 자신이 사라지는 상태이다. 감정이 노동의 많은 부분을 차지하는 이들에게 소진은 피할 수 없는 그림자이다. 공감이 직무가 되는 순간, 감정은 자원이 아니라 부담이 된다. 감정이 고갈될수록 공감은 의무가 되고 돌봄은 어깨를 짓누르는 돌덩이가 된다.

강의 현장에서 만난 사람들 중에도 자신이 소진된 줄 모르는 경우가 많았다. 특히 피해자를 지원하는 사람들은 스스로를 '도와야 하는 사람'이라고 믿기에, 자기 상태를 돌아볼 여유조차 없다. 피해자의 고통 앞에서 본인의 감정은 사치처럼 느껴지기 때문이다. 그러나 바로 그 순간, 이들 역시 침묵당하고 있다. 그들의 피로와 좌절, 무력감은 당연시되고, 어디에도 언급되지 않으며, 배려받지 않는다. 그리고 마침내 혼자 조용히 무너진다.

소진은 단지 '피곤함'이 아니다. 정서적 균열이고, 관계적 단절이며, 때로는 삶의 의미가 흐려지는 상태이다. 나 역시 예외는 아니었다. 개인적인 삶과 일을 분리하기 어려웠고, 온전히 쉬지 못하는 날이 이어졌다. 아침에 눈을 뜨는 일조차 버거웠다. 감정이 메말랐고, 어깨는 무거웠으며, 사람들의 이름과 얼굴의 조금씩 흐려졌다. 사소한 일에도 쉽게 마음이 흔들렸고, 잠시도 제대로 집중하기 어려웠다. 무엇보다 피해자의 감정이 전해지는 순간에도 내가 그 파장을 흘려보내고 있었다.

강의 제안이 온 건 바로 그 무렵이었다. 전국 각지에서 피해를 들여다보고 지원하는 사람들이 한 자리에 모인다고 했다. 이전까지 강의 경험이 없던 나에게는 다소 벅찬 제안이었다. 하지만 그만큼 뜻깊은 자리였다. 용기를 내어 제안을 수락한 후에는 최대한 청중들에게 법률과 형사 절차를 정확히 전달해야겠다는 생각이 들었다. 며칠 밤낮을 고민하며 자료를 만들고, 강의 연습을 했다. 어쩌면 그렇게 변호사로서 마주한 벽을 다른 방식으로 넘어보고 싶었던 것 같다.

놀랍게도 그 시간이 나를 살아나게 했다. 단지 강의 때문만은 아니었다. 발화發話 자체가 회복의 시작이었다. 법률과 형사절차를 주제로 강의를 진행했지만, 그 속에는 나의 감정이 고스란히 녹아 있었다. 이를테면 피로, 두려움, 책임감이었다. 정리된 언어로 타인에게 그 감정들을 나누자, 그들에게서 응답이 돌아왔다. 누군가는 "이야기를 듣고 감정이 정리됐다."라고 했고, 또 누군가는 "우리 일을 제대로 이해해 줘서 고맙다." 했다. 말이 돌아와 나를 어루만졌다. 언어로 구조화된 감정이 비로소 다시 흐르기 시작했다.

그 이후로 강의는 또 다른 나의 자원이 되었다. 법률을 전달하는 자리였지만, 나는 매번 감정의 언어를 교환하고 있었다. 강단에서 말하는 나의 언어는 과거 사건들을 다시 꺼내는 과정이기도 했다. 그때는 그냥 지나갔던 장면들이 말로 다시 정리되며 의미를 얻었다. 나와 만났던 사람들, 그들의 목소리와 눈빛이 문장으로 다시 나에게 돌아왔다. 발화는 기억을 재구성하고, 감정을 회복하는 행위였다.

●

　말하고 싶어도 말하기 힘든 사람들이 존재한다. 감정을 담을 언어가 고갈되면 소통이 끊기고 고립은 심화된다. 특히 타인의 감정을 끌어안는 사람들이 자신의 감정을 나누지 못한다. 지쳐도 지쳤다고 말하지 못하고, 자신이 지쳤다는 사실조차 받아들이지 못해 결국 침묵을 선택한다. 이 침묵의 시간이 길어지면 몸이 먼저 반응한다. 별다른 이유 없이 머리가 아프고, 가슴이 답답하고, 손 하나 까딱할 수 없이 피곤해진다.

　피해를 바라보고 피해자를 지원하는 사람들은 '적정한 감정 상태'를 요구받는다. 너무 무너져도, 너무 냉정해도 안 된다. 감정과 공감만으로 되는 일도 아니다. 어떤 지원을 하느냐에 따라 요구되는 전문성과 업무 지식이 다르고, 감정의 미세한 조율까지 필요하다. 사실 오늘날 대부분이 사회적 관계 속에서 '적절한 감정'을 요구받는다. 즉 우리는 모두 감정 노동자이다. 또한 피해 지원의 현장에 있는 사람들은 감정 노동의 밀도가 더 높을 수밖에 없다. 그에 비해 정당한 대가와 보상은 주어지지 않는다.

　"좋은 일이잖아. 꼭 필요한 일이고, 너희는 좋은 사람들이잖아. 조금은 희생해도 되지 않아?" 이런 사회적 시선들이 오히려 소진을 가속화한다. 피해자를 위한 일은 정의로운 일이므로 힘들어도 견뎌야 한다는 생각은 또 다른 폭력에 불과하다. 타인을 돌보는 일은 소진을 전제로 하지 않아야 한다. 좋은 사람이기 때문에, 의미

있는 일이기 때문에 감당하라는 말을 결국 책임을 개인에게 전가하는 방식일 뿐이다. 회복을 오직 개인의 몫으로만 남겨둘 수는 없다. 누구보다 섬세하게 감정을 조율해야 하는 사람들이 스스로를 지킬 수 있도록, 돌봄을 지속할 수 있도록, 제도와 사회가 함께 이 책임을 나누어야 한다. 누군가를 지키는 일이 자신을 잃는 일이 되면 안 되기 때문이다.

소진은 말 그대로 사라짐이지만, 그 자리에 아무것도 남지 않는 건 아니다. 그 잔해 속에는 분노, 자책, 슬픔, 피로, 침묵이 뒤엉켜 있다. 회복은 잔해를 다시 들여다보고, 이름 붙이고, 언어화하는 과정이다. 나의 감정에 내가 귀 기울일 수 있게 되었을 때, 비로소 감정은 다시 흐른다. 그리고 그 감정이 다른 사람의 감정과 연결되며 회복이 시작된다.

그래서 나는 오늘도 강의에서 말한다. "절대 여러분 스스로를 소진하지 마세요." 이 말은 이제 단순한 클로징 멘트가 아니다. 하나의 다짐이자 선언이다. 이 일을 오래 지속하기 위해 우리는 소진을 두려워하기보다 소진을 읽어낼 줄 아는 사람이 되어야 한다. 그래야 멈출 수 있고, 돌아설 수 있고, 다시 설 수 있다.

혼자가 아니라는 감각. 이 감각이야말로 가장 근본적인 회복의 조건이다. 나는 피해자들을 도우면서 그들과 나 사이에 '같은 감정'이 무수히 흐르고 있음을 알게 되었다. 상실감, 분노, 무력감, 희망과 절망 사이를 오가는 감정들. 이 모든 감정은 말해져야 하고, 인정받아야 하고, 지지 받아야 한다.

감정은 사라지지 않는다. 단지 말해지지 않을 뿐이다. 그래서 감정을 언어로 만들어 말하는 것은 곧 감정을 다시 존재하게 하는 일이다. 소진되지 않기 위해 필요한 건, 아주 거창한 해결책이 아닐지도 모른다. 그저 내 감정을 나부터 무시하지 않는 일, 누군가에게 가닿는 문장을 만들 용기를 가지는 일이다.

불꽃은 재가 되고 나서도 다음 불씨를 일으키는 힘이 된다. 누군가를 돕는 일이 나를 태우는 불이 아니라 다시 일어서는 힘이 되기를 바란다. 나 혼자만의 불이 아니라 우리가 함께 이어붙이는 불꽃이기를.

저는 피해자를 변론하는 변호사입니다

학문으로 법학을 배웠던 대학 시절과 이론을 실무로 연결시키던 사법연수원 시절을 거쳐 만난 현장은 사건의 연속이었다. 처음 변호사가 되고는 로펌의 고용 변호사로, 개인의 사적인 일부터 국가기관의 공적인 일까지 수년간 다양한 사건을 경험했다. 그 시절은 변호사로서 대근육을 단련하는 시간이었다. 형사사건과 민사사건, 행정사건, 가사사건까지. 매일이 실전이었고, 사건마다 낯선 인간 군상이 등장했다. 법정은 드라마가 구현할 수 없는 현실이었다. 치열하게 수년을 보내면서 나는 법이 그저 최소한의 장치일 뿐이라는 사실을 깨달았다. 또한 말의 온도와 침묵의 무게, 소외된 사람들의 절망을 배웠다. 그 감정은 내 안으로 스며들며 마음의 근육이 되었다.

　그러던 어느 날, 일하던 로펌에서 벌어진 일은 내 삶을 다른 방향으로 이끌었다. 임신한 여성 직원 앞에서 담배를 피우며 욕설을 내뱉던 누군가. 그 장면을 목격한 나는 더는 이곳에서는 일할 수 없다는 판단을 내렸다. 누군가에게는 사소해 보일 장면이었지만, 나에겐 견딜 수 없는 분기점이었다. 로펌을 박차고 나와 홀로서기를 시작한 후로는 소근육을 단련하는 시간이었다. 자율과 책임, 고립과 자긍심이 공존하는 개업 변호사의 삶이 시작된 것이다.

　출퇴근 시간도, 월급도, 정해진 건 하나도 없었지만 억지로 사람을 만나지 않아도 되는 삶이었다. 처음엔 해방감을 느꼈다. 내가 사건을 고를 수 있다는 것, 거절할 수 있다는 것은 고용 변호사 시절에는 가지지 못한 새로운 권리였다. 그렇게 만난 것이 범죄 피해자 변호였다. 어쩌면 피해자의 목소리가 유난히 크고 선명하게 들리는 나에게 필요한, 정확히는 하고 싶었던 일이었다.

　홀로서기 이후 내가 가장 많이 다룬 사건은 앞서 거듭 말했듯 범죄 피해자 사건이었다. 사람들은 흔히 범죄 피해자 지원을 '고통스럽고 어두운 일'이라 여긴다. 웃어서도 안 되고, 농담을 해서도 안 되고, 장난을 쳐도 안 되는 엄중한 현장으로 인식한다. 나 또한 처음에는 그렇게 생각했다. 그러나 내가 실제로 만난 현장은 전혀 그렇지 않았다. 피해자와 함께 싸우는 사람들, 조용히 곁에 서주는 사람들, 누구도 보지 못한 타인의 감정까지 끌어안는 사람들까지. 저마다 하는 일도, 개성도, 품고 있는 가치도 달랐다. 요즘 말로 '힙'

한 곳이다. 나는 언제나 그렇듯 농담을 하고, 장난을 치고, 깔깔 웃고, 세상 돌아가는 이야기를 나누고, 때로는 비속어까지 사용한다. 이렇듯 피해 지원의 한복판은 동정이나 연민으로만 이루어지지 않는다. 동정과 연민으로 오래갈 수 있는 일도 아니다. 오히려 현실적인 감각과 섬세한 판단, 유머와 여유가 필요하다.

물론 무겁기도 하다. 재판은 끝나도 우리의 삶은 끝나지 않는다. 피해자는 긴 터널을 통과해야 하고, 변호사는 그 길을 함께 걸어야 한다. 때로는 법정에서, 때로는 병원에서, 때로는 경찰서 계단 위에서 기다리고, 설명하고, 설득한다. 변호사는 감정의 통역사이다. 피해자의 말을 법의 언어로 옮기고, 법의 언어를 다시 피해자의 언어로 돌려주어야 한다. 이 과정은 단순해 보이지만 결코 단순하지 않다. 법은 감정으로만 설명할 수 없기 때문이다. 피해자는 감정으로 말하려 하고, 법은 사실과 증거를 원한다. 이 간극은 때때로 너무 넓고, 차갑다.

감정은 투명한 노동이다. 피해자를 바라보며 나는 늘 생각한다. '저 사람이 오늘 여기까지 오기 위해 감당했을 감정의 무게는 얼마나 컸을까?' 그는 다시 그날의 기억을 꺼내야 했고, 낯선 사람 앞에서 그것을 말해야 했고, 신체에 새겨진 상처가 있다면 설명해야 했다. 그리고 그 말을 종종 사람들이 믿지 않았고, 의심했고, 때로는 조롱까지 했다. 그럼에도 불구하고 피해자는 말했다. 멈추지 않고 말했다. 나는 그 말 옆에 있었다.

가해자의 논리가 공격적일수록 법적 절차는 피해자에게 더 가혹해진다. 피해자는 증명해야 한다. 고통을, 분노를, 두려움을, '그럴 만한 이유'를 제시해야 한다. 피해의 입증 과정은 피해자에게 친절하지 않다. 그렇기에 피해자는 다시 상처받는다. 상처를 조금이라도 흐릿하게 만들기 위해 시작한 일에 다시 상처 입는다. 그 상처의 가장자리에 선 사람이 피해자의 변호사이다. 단지 법률 대리인이 아니라, 상처의 동행자여야 하는 이유이다.

무력해질 때가 있다. 변호사로서 내가 할 수 있는 일에 한계가 있을 때에는 결국 자책하게 된다. 더 잘 방어하지 못한 것 같고, 더 제대로 싸우지 못한 것 같다. 하지만 나는 안다. 피해자를 위로하는 것은 판결문만이 아니라는 것을. 곁을 지켜주는 사람의 존재도 중요함을. 그 존재가 되어주는 일이 나의 역할이라는 걸, 잊지 않으려 한다.

사건 하나가 끝나면 다음 사건이 밀려온다. 기록을 남길 틈도 없이 감정은 덮이고 흘러간다. 하지만 어디에선가 다시금 말을 꺼내야 할 때, 나는 그 감정을 새로 정리한다. 말이 글이 되고, 글이 기억을 부르며, 기억은 나를 다시 나답게 만든다. 언어는 정리의 기술이자 회복의 조건이다. 감정을 말로 설명할 수 있을 때, 나를 병들지 않고 견디게 해준다.

나는 변호사로서 법을 다룬다. 하지만 내가 진심으로 집중하는 것은 법 너머의 '사람'이다. 피해자의 존엄, 억눌린 목소리, 침묵 속에 삼켜진 말들. 그들이 사라지지 않도록 나는 법의 언어가 기록하지 못한 감정을 기억하고자 한다. 진술서 어딘가에 살아있는 감정을 복기하고, 잊히거나 지워지지 않도록 붙든다. 정리된 말들 속에서도 지워지지 않는 감정을 읽어내는 것, 그것이 내가 해야 할 일이다.

피해자를 돕는다는 것은 단순히 누군가의 편에 선다는 의미가 아니다. 언어의 구조를 바꾸고, 침묵에 이름 붙이고, 피해자가 자기 감정을 부정하지 않아도 되는 환경을 만드는 일이다.

나는 피해자를 위해 변론한다. 옳고 그름을 따지는 사람이라기보다는, 그들이 마지막까지 스스로를 존중할 수 있도록 곁에 서는 사람이고 싶다.

법률에는 마음이 있다

"다만 피고인은 공소 사실을 모두 인정하고 반성하는 점 등을 참작하여…"

이는 형사 판결문에서 흔히 볼 수 있는 문구이다. 피고인이 자신의 범죄를 인정하고 법정에서 반성의 태도를 보이면 판결문에 의례적으로 기재된다. 선고형을 결정할 때 피고인에게 유리하게 고려되는 대표적 요소로, 보통 범행의 중대함이나 피해자의 고통 등 불리한 사정이 언급된 후 등장한다. 피고인은 그냥 스쳐 지나갈 판결문의 이 한마디가, 피고인을 결코 용서하지 못한 피해자들의 마음을 무너뜨린다. 판결문은 언제나 법의 언어로 쓰이지만, 그 언어가 모두에게 동일하게 읽히지 않는다. 특히 피해자는 단 하나의 문장으로도 커다란 상처를 받는다. 아리의 경우가 그랬다.

친오빠의 친구에게 준강간과 불법촬영 피해를 입은 아리가 들고 온 판결문에도 어김없이 이 문구가 있었다. 아리는 그 부분에 빨간 줄까지 그어놓았고, 나에게 판결문을 보여주며 잘못된 판결이라는 점을 강조했다. 참고로 이 가해자는 징역 3년을 선고받았다.

"가해자가 범행을 인정한 건 당연한 일이죠. 자기 범행을 스스로 촬영해 놨으니까요. 부인할 수 있는 상황이 아니었어요. 저한테는 사과 한마디 없었는데 고작 반성문 10번 냈다고 반성이라니. 혐의를 인정하고 반성했다고 형이 감형된 거잖아요!"

아리의 말은 상식적이었다. 판결을 받아든 피해자라면 자연스럽게 생각하고 뱉을 수 있는 말들이었다. 아리는 징역 3년의 선고형 자체를 마음에 들어 하지 않았다. 너무 가벼운 형량이라 생각했다. 가해자를 용서하지 못한 피해자는 당연히 가해자가 법정 최고형을 받기를 바란다. 그러나 냉정하게 말해, 아리의 분노와는 별개로 이 사건의 형량은 당시 준강간과 불법촬영 유죄 판결에서 일반적으로 선고되는 수준이었다.

나는 아리에게 판결문의 구조와 의미, 법률이 사용하는 언어들을 설명해야 했지만, 그 설명이 쉽지 않았다. 징역 3년이라는 판결은 법률적으로만 보면, 당시 유사 사건들과 비교해 특별히 낮거나 부당하다고 말하긴 어려웠다. 피고인이 공소 사실을 인정하고 반성했다는 사정 역시 양형의 결정적 요소로 작용했다고 보기 힘들었다. 하지만 아리의 마음은 판결문 속 단 한 문장으로 무너졌다.

가해자는 감기약을 먹고 깊이 잠들어 항거가 불가능한 아리를 강간했고, 아주 대담하게도 그 과정을 자신의 휴대전화로 촬영했다. 아리는 자신이 범죄 피해자가 된 줄도 모르고 6개월을 지냈다. 아리가 피해를 처음 인지하게 된 것은 가해자가 또 다른 범죄로 수사를 받던 중 압수된 휴대전화에서 아리의 영상이 발견되면서였다. 대학을 다니며 평범한 일상을 살아가던 아리에게 이 사건은 말 그대로 예상치 못한 폭풍우였다.

차라리 피해를 입고 바로 알아차렸더라면 어땠을까? 그랬다면 지금쯤은 회복되지 않았을까? 아리는 기억조차 못 하는 자신을 원망하기 시작했다. 잠든 사이에 벌어진 일이 자신의 잘못처럼 느껴졌고, 스스로를 더 깊은 어둠 속으로 몰았다.

아리는 숨고 싶었다. 가해자의 재판이 시작되었지만, 아리를 도와주는 사람은 없었다. 도움을 구하고 싶지도 않았다. 재판이 열린다는 기일 통지가 올 때마다 정체를 알 수 없는 두려움에 시달렸고, 결국 연락처를 바꾸고 세상과 단절했다. 그렇게 1년이 흐른 뒤에야 아리는 가해자에게 내려진 형을 확인하기 위해 판결문을 발급받았다. 세상으로 나오기까지 1년이라는 시간이 필요했던 것이다. 그리고 그제야 자신의 피해를 판결문이라는 몇 장의 종이 문서를 통해 마주할 수 있었다.

내가 아리에게 가장 먼저 해줄 수 있는 일은, 판결문에서 아리의 마음을 무너지게 했던 그 문구에 관한 설명, 정확히는 해석이었다. 판결문은 어려운 문장으로 가득해 쉽게 이해하기 어렵다. 한국어로 쓰여진 판결문에도 통역이 필요하니 우스운 일이다. 나는 변호사지만, 때때로 법의 언어를 통역하는 사람이 되어야 한다. 법이 쓰는 언어와 인간이 겪는 감정 사이에는 거대한 간극이 있다. 이 간극을 메우지 않으면 판결은 정당할지언정 이해하기 어려울 수 있다. 따라서 판결문은 누구나 바로 이해할 수 있을 만큼 쉬운 언어로 정확하게 쓰여야 한다. 법이 누구에게나 공평하게 적용되어야 하듯이 말이다. 그런데 왜 판결문에는 설명과 해석이 필요하고, 피해자의 상처를 덧나게 만드는 것일까?

"아리 씨, 이건 그저 판결문의 클리셰 같은 거예요. 결론을 보면 공소 사실 인정이나 반성이 특별히 감형 요소로 작용한 건 아니에요. 그러니 이 문장에는 마음 쓰지 않아도 괜찮아요. 중요한 건 가해자가 징역형을 받았고, 지금 감옥에 있다는 사실이에요. 우리가 할 일은 이 상황에서 할 수 있는 일이 무엇인지 찾는 거예요."

'판결문의 클리셰 같은 것'이라니. 내가 말하고도 우스웠다. 이렇게밖에 설명 못 하나 싶으면서도, 이 말이 가장 직관적이고 쉬운 표현이라는 생각도 들었다.

아리가 피고인이 반성했다는 문장을 잘못되었다고 말하는 데는 다 이유가 있었다. 당시에는 사회적으로도 '가해자의 반성문'이 논란의 대상이었다. 반성문을 대필해 주는 업체가 성행한다는 언론 보도가 연일 이어졌고, 재판에서 감형 전략 중 하나로 활용되는 '판사에게 반성문 제출' 관행에 비판의 목소리가 높았다. 물론 지금도 이 문제가 완벽히 해결되었다거나, 논란에서 벗어났다고는 할 수 없다.

사과의 대상은 당연히 피해자여야 한다. 하지만 법정에서 제출되는 반성문은 오직 판사를 향한다. 잘못된 방향이다. 위법한 행위를 저질러 대한민국 사법 질서를 훼손한 데에 대한 반성이라면, 그 수치심의 발로는 어느 정도 수긍할 수 있다. 하지만 자신의 범행으로 일상이 무너진 피해자에게 단 한마디의 사과조차 하지 않았던 피고인이 "존경하는 판사님"으로 시작해 판사를 향해 내뱉는 반성이 정말 반성인가? 그토록 존경하는 판사님께 대체 무슨 죄를 지었기에 반성을 하는 것인가? 코미디가 따로 없다. 이건 반성도 아니고 사과도 아니다.

우리나라 사람들은 법원이 감성이 아닌 이성과 합리성, 객관성이 지배하는 곳이길 바란다. 법원 스스로도 그럴 것이다. 이 세상 어느 나라 법원도 감성으로 재판하지 않는다. 그런데 반성이 감형의 요소로 등장하니 모순적이다.

대법원 양형위원회의 양형 기준에는, 거의 모든 주요 범죄의 감형 요소로 피고인의 "진지한 반성"이 등장한다. 양형 기준은 주요 범죄의 기준을 설정한 것으로, 법관들에게 권고적 효력을 가진다. 그러나 실제로는 전체 사건의 약 90퍼센트 정도가 이 양형 기준에 따라 선고형을 정하기에 상당한 의미가 있다. 양형 기준은 피고인에게 불리한 요소, 유리한 요소, 즉 가중 요소와 감경 요소를 나누고, 그 안에서도 해당 요소의 세부적 설명이 덧붙여져 있다. 대부분의 요소는 객관적 입증과 설명이 가능한데, 그중 "진지한 반성"이라는 요소만은 참으로 설명이 어렵다. 반성이 법관이 판단할 수 있는 영역인가? 그것도 진지성의 유무를 더해 판단하는 것이 인간이 할 수 있는 일일까? 신도 모를 일을 법관들이 알 수 있을까?

실제로 얼마나 많은 피고인이 진지한 반성을 인정받아 형이 줄었을까? 이에 대한 명확한 통계는 없지만, 생각처럼 많지는 않을 것이다(그렇게 믿고 싶기도 하다). 그리고 진지한 반성이나 반성문 문제 때문에 비난을 받는 법원 역시 억울한 부분이 있을 수 있다. 실제로는 감형의 결정적 요소가 되지 않았다는 사실은, 판결문의 결론에 해당하는 최종 선고형으로 확인할 수 있다. 그렇다고 해도 "피고인은 진지하게 반성하고 있다."라는 문장은 '진지하게' 다루어져야 한다. 어찌 보면 법원 스스로 비난을 자초한 것이다. 진지한 반성이라는 표현이 판결문에서 반복될수록 누군가는 그 문구 하나에 무너지고, 사법부에 대한 신뢰도 무너진다. 전혀 중요하지 않다고 생각한 문장 하나의 파급력이 생각보다 크다.

형사소송의 당사자는 피고인과 검찰이다. 판결문은 피고인에 대한 판결이지, 피해자에 대한 판결이 아니다. 우리가 선택한 형사사법 절차이기에, 이를 비난할 수는 없다. 하지만 피해자가 존재하는 사건에서는 사건을 처리하고 판단하는 전 과정에서 피해자가 간과되면 안 된다. 피고인 외에 판결문을 받아드는 유일한 사람이라는 점을 명심해야 한다. 그럼에도 법원은 피해자가 판결문을 본다는 당연한 사실을 잊는다. 그리고 가끔은 피고인이 아닌 피해자에 대한 판결을 한다.

    우리는 늘 이렇게 써왔는데, 뭐가 문제냐는 식의 교만한 태도를 가진 법원을 어떻게 신뢰하겠는가. 수사와 재판의 과정은 결국 판결을 향해 나아간다. 그 길 곳곳에서 범죄 피해자에 대한 국가기관의 배려는 당연하게 존재해야 한다. 사법부 역시 같은 결론의 같은 내용의 판결문을 쓰더라도 그 방식을 고민해야 한다. 결론이 같더라도, 같은 내용이라도, 피해자가 읽었을 때 '배려 받고 있다.'고 느낄 수 있는 판결문이 있고, 존재를 무시당한 듯 상처를 악화시키는 판결문도 있다. 판결문이 쓰는 언어는 결국 법이 입는 옷이다. 그 옷이 조잡하고 낡았다면, 보기 좋지 않다면, 갈아입어야 한다. 사법부에 대한 신뢰는 깔끔하고 정돈된 옷, 그로부터 우러나는 품격 있는 태도에서 시작된다는 것을, 지금이라도 알아야 한다.

●

    아리는 법이 자신을 외면하지 않는다는 믿음을 거두지 않았다. 가해자를 상대로 민사상 손해배상 청구를 하려면, 소멸시효를 반드시 유의해야 한다. 소멸시효란, 권리를 일정한 기간 동안 행사하지 않으면 권리가 소멸되는 제도이다. 보통 범죄 피해를 입은 사람은 가해자를 상대로 민법상 불법행위를 이유로 손해배상을 청구할 수 있지만, 이 권리는 자신의 손해와 가해자를 안 날로부터 3년이 지나면 소멸한다. 다행히도 아리는 자신이 피해를 입었다는 사실(손해)을 명확하게 인지한 날부터 3년이 되기 한 달 전, 민사소송을 제기했다. 한 달만 늦었더라도 소멸시효 시작 시기인 기산점을 다투어야 하는 다소 복잡한 소송이 되었을 것이다.

그리고 아리의 손해배상 청구는 인용되었다. 승소했다.

아리의 피해를 결코 돈으로 값을 매길 수는 없지만, 민사소송에서는 3천만 원이 조금 넘는 금액으로 매겨졌다. 판결로 가는 모든 과정을 아리는 함께했다. 예전처럼 숨지 않았다. 참석하지 않아도 되는 자리일지라도 말이다. 변호사를 선임한 민사사건의 변론기일에는 당사자가 출석하지 않아도 된다. 그래도 아리는 항상 나와 동행했고, 자신의 의견을 이야기했고, 재판부는 직접 출석한 아리에게 소송의 과정을 상세히 설명했으며, 변론기일마다 아리에게 의견이 있는지 묻고 세심하게 청취했다. 법정에서, 자신의 피해에 손해배상을 구하는 소송 과정에서 법관에게 직접 이야기를 듣고, 직접 이야기를 전달하는 과정은 단순한 법률 지식의 정보 제공 차원을 넘어선다. 법정에서 법을 통해 이어지는 설득의 시간이었고, 무엇보다도 회복의 과정이었다.

때때로 어떤 판결문은 피해자가 다시 일상으로 돌아가는 계기가 된다. 세상으로 나가는 작은 문이 되기도 한다. 나는 법에도 마음이 있듯 판결문에도 마음이 있다고 믿는다. 마음이 있는 법률은 피해자를 혼자 두지 않는다.

나가며

말이 닿는 자리까지, 사람을 지키는 일

개인의 힘만으로 감당할 수 없는 사건이 있다. 그럴 때는 변호사들과 피해 지원 현장의 연대가 피해자에게 큰 힘이 된다. 여러 사람의 목소리가 모이면 사회를 움직일 힘이 생기고, 제도 변화의 계기가 된다. 미투 운동이 한창이던 2018년, 나는 한국여성변호사회 인권이사로 활동하고 있었다. 사회적으로 권력형 성폭력에 대한 논의가 폭발적으로 확산되던 시기였다. 자연히 법정 안팎에서 다루어야 할 일들이 늘어났고, 사회적 파장이 큰 사건도 여럿 맡게 되었다. 그중 하나가 최영미 시인의 민사소송이었다. 당시 여성변호사회 회장을 포함한 다섯 명의 변호사가 함께 이 사건을 맡았고, 끝내 승소했다. 함께 고민하고 움직인 끝에 얻어낸 값진 결과였기에 지금도 마음에 깊이 남아 있다. 또한 대한민국 권력의 상징인 고위 공직자, 정치인, 교수들에게 피해를 입은 이들의 편에 섰다. 그 과정에서 피해자와 함께하는 수많은 사람을 만났다. 함께 걸어갈 때 더 멀리 나아갈 수 있다는 너무 당연하지만 잊기 쉬운 사실을 몸소 배운 시간이었다.

그 무렵부터 경찰, 여성가족부 등 유관기관의 자문이나 정부 부처의 위원회 활동도 늘어났다. 피해자들을 직접 변론하는 소송뿐 아니라 제도와 현장, 정책을 잇는 일들이 자연스럽게 늘어나기 시작했다. 언론 인터뷰도 많아졌다. 사건에 집중하다 보면 시야가 좁아질 때가 있는데, 기자들의 질문은 사회의 시선이 어디에 머물고 있는지를 일깨워 주었다. 인터뷰는 단순한 설명의 자리가 아니라, 내가 더 배워야 할 방향을 알려주는 기회이기도 했다.

이후 생방송 뉴스나 라디오, 교양 프로그램까지 다양한 방송을 경험하게 되었다. 말 한마디에 많은 의미가 실리는 자리가 처음에는 적응하기 쉽지 않았다. 실수를 반복하지 않으려고, 내가 말해야 할 내용을 완전한 원고로 만들어 여러 번 읽고, 말하고, 다시 고치기를 반복했다. 지금도 생방송은 긴장의 영역이지만 예전보다는 덜 두렵다. 그렇게 준비하고 쌓아 올린 말들이 결국 또 다른 나를 만들었다.

범죄를 다루는 방송에 출연했던 경험도 있다. 피해자를 직접 만나온 변호사의 시선으로 사건을 재해석하는 역할이었다. 대중적 인지도가 있는 것도 아닌 나를 어떻게 알게 되었는지 제작진에게 물었더니, 그동안의 인터뷰들을 인상 깊게 봤다고 했다. 성실하게 응했던 인터뷰들이 누군가에게 닿았다는 사실이 낯설면서도 오래 마음에 남았다. 말은 사라지지 않는다는 사실을 실감하는 순간이었다.

그 프로그램은 종영한 지 꽤 되었지만, 지금도 나를 그 방송에서 봤다며 반가워하는 사람들이 있다. 피해자를 위한 변호사가 있다는 것을 대중에게 알린 방송이었기에, 그 시간을 함께한 사람들에게 지금도 조용히 빚을 지고 있다. 말 한마디, 방송 한 장면, 기사 한 줄이 쉽게 만들어지지 않는다는 걸 지금의 나는 안다.

문장과 단어 사이에는 짧지 않은 시간이 있다. 그 시간 속에는 감히 표현하기 어려운 수많은 일과 사람이 있다. 상처받고, 좌절하고, 세상이 원망스러웠던 순간도 있었다. 그래도 나는 여전히 이 일을 하고 있다.

"변호사님은 무슨 일을 주로 하세요?"

이 질문을 여전히 종종 받는다. 예전에는 그 질문이 낯설고 어렵게 느껴졌지만, 이제는 조금은 단단하게 말할 수 있다. "저는 피해자를 위한 일을 주로 합니다."

국가소추주의 형사법 체계 아래에서 범죄 피해자의 권리는 늘 주변화되기 쉽다. 하지만 피해자 역시 당연히 기본권을 가진 주체이자, 헌법과 법률이 보장하는 권리의 주인이다. 국가는 이 권리를 보장하고, 피해자를 보호할 의무가 있다. 피해자의 자리에서 보면 지극히 당연한 것들이다.

나는 이 당연한 말들이 당연하게 지켜지기를 바라며 나에게 주어진 일을 한다. 그 과정에서 내가 확신할 수 있는 바는 딱 하나이다. 삶이 어디로, 어떻게 흐르든 오늘 들은 목소리가 나에게 남을 것이다. 말이 닿는 자리까지, 사람을 지키는 일을 계속할 것이다.

서혜진

법정 밖의 이름들

초판 1쇄 발행 2025년 8월 1일
초판 2쇄 발행 2025년 8월 14일

지은이 서혜진
펴낸이 유정연

이사 김귀분
책임편집 정유진 기획편집 신성식 조현주 유리슬아 서옥수 황서연 디자인 안수진 기경란
마케팅 반지영 박중혁 하유정 제작 임정호 경영지원 박소영

펴낸곳 흐름출판(주) 출판등록 제313-2003-199호(2003년 5월 28일)
주소 서울시 마포구 월드컵북로5길 48-9(서교동)
전화 (02)325-4944 팩스 (02)325-4945 이메일 book@hbooks.co.kr
홈페이지 http://www.hbooks.co.kr 블로그 blog.naver.com/nextwave7
출력·인쇄·제본 (주)삼광프린팅 용지 월드페이퍼(주) 후가공 (주)이지앤비(특허 제10-1081185호)

ISBN 978-89-6596-734-7 03300

- 이 책은 저작권법에 따라 보호를 받는 저작물이므로 무단 전재와 복제를 금지하며, 이 책 내용의 전부 또는 일부를 사용하려면 반드시 저작권자와 흐름출판의 서면 동의를 받아야 합니다.
- 흐름출판은 독자 여러분의 투고를 기다리고 있습니다. 원고가 있으신 분은 book@hbooks.co.kr로 간단한 개요와 취지, 연락처 등을 보내주세요. 머뭇거리지 말고 문을 두드리세요.
- 파손된 책은 구입하신 서점에서 교환해드리며 책값은 뒤표지에 있습니다.